Esperand

R...

... ...o y Navidad
2021–2022

Catherine Upchurch

Traducido por
Luis Baudry-Simón

LITURGICAL PRESS
Collegeville, Minnesota

www.litpress.org

Imprimátur: ✢ Most Reverend Donald J. Kettler, J.C.L., Bishop of Saint Cloud, April 8, 2021.

Diseño de portada por Monica Bokinskie.
Arte de portada cortesía de Getty Images.

ISSN: 2689-5552 (edición impresa)   2689-5560 (edición en línea)
ISBN: 978-0-8146-6651-7   978-0-8146-6652-4 (ebook)

Introducción

Cuando empecé este proyecto, tenía una sensación de confianza en mi comprensión de los tiempos litúrgicos de Adviento y Navidad. Todavía es así. Pero tengo que decir que entrar en los textos de la Escritura tan directamente para cada día ha renovado mi convicción de que siempre podemos esperar que Dios esté por hacer nuevas las cosas. Haberme acostumbrado a la cadencia de las lecturas cada año de mi vida es reconfortante, pero lo que es maravilloso es cómo inevitablemente oiré algo nuevo o algo previamente inadvertido en las lecturas familiares. ¡Es como si le dieran a uno oídos nuevos o audífonos nuevos!

Las Escrituras, por supuesto, no cambian; nuestras vidas, sin embargo, cambian. Nos acercamos a las historias y enseñanzas de la Biblia: nuestras circunstancias de vida nos hacen sentir curiosos de nuevas maneras, nuestros aprendizajes e inclinaciones evolucionan con el tiempo y nuestro conjunto de expectativas, una vez firmes, se desvanecen. Es en este diálogo entre los textos sagrados y nuestras experiencias de vida que descubrimos a Dios todavía trabajando en nosotros y en nuestro mundo. Encontramos que los pasajes familiares adquieren nuevos niveles de significado cuando permitimos que Dios hable a través de ellos con el estudio y la oración.

Al completar esta colección de reflexiones sobre las lecturas diarias para los tiempos de Adviento y Navidad, por alguna razón pensé en un collar mío sencillo, hecho de perlas mabe. Estas perlas no son las típicas redondas; más bien tienen un aspecto plano y ondulado. Vienen en lustrosos tonos de blanco plateado, rosado, azul y verde. La primera vez que mi collar se rompió, perdí algunas de las perlas, pero las volví a unir. Por tercera vez (obviamente está bien desgastado), me di cuenta de que necesitaba anudar entre cada cuenta para asegurarme de que no perdería más de ellas bamboleándose por el piso. Cada día de lecturas me pareció una de esas perlas, cada una con su particular forma extraña llamando la atención sobre sí misma y al mismo tiempo queriendo ser parte del todo.

El Adviento es un tiempo para anticipar el todo. Reúne siglos de expectaciones y anhelos y nos invita a imaginar el mundo de nuevo, a recoger las cuentas de la tradición y ver lo bien que encajan en un arreglo nuevo y fresco. El Tiempo de Navidad envuelve esta frescura y la presenta como un regalo a un mundo necesitado de belleza. Así como los grandes artistas sufren por las piezas que crean y a menudo viven en la pobreza mientras crean una obra, la belleza que Dios nos ofrece en estos tiempos litúrgicos puede pedirnos algo: liberar algunas ideas preconcebidas, gastar tiempo y energía, hacer una búsqueda del alma.

Los tiempos de Adviento y Navidad ya están llenos de obligaciones y actividades, algunos de ellas relacionadas con nuestras comunidades parroquiales, y te preguntarás cómo encajarás una cosa más. Pero, sólo tal vez, tú y yo podemos hacer que nuestros pocos minutos con las lecturas de cada día no sean "una cosa más", sino la mejor cosa.

PRIMERA SEMANA DE ADVIENTO

28 de noviembre: Primer domingo de Adviento

Sacude la somnolencia

Lecturas: Jer 33, 14-16; 1 Tes 3, 12–4, 2; Lc 21, 25-28. 34-36

Escritura:
"Estén alerta, para que los vicios, . . . la embriaguez y las preocupaciones de esta vida no entorpezcan su mente y aquel día los sorprenda desprevenidos . . ." (Lc 21, 34)

Reflexión: Cuando viajamos con mi hermano y su familia hace algunos años, paramos en una tienda de comestibles local conocida por su comedor de trastienda y montones de pescado servidos al estilo familiar. En la noche nos sentamos en una simple mesa; estábamos felizmente exhaustos después de un día de sol, y cuando llegaron los platos de comida los atacamos. No pasó mucho tiempo antes de que la cabeza de mi joven sobrino se balanceara mientras luchaba contra el sueño. Se alzaba y se sentaba derecho, y luego en poco tiempo volvía a estar somnoliento. Sus pesados párpados eran nuestra señal para llevar a los niños a la cama. Los adultos no nos quedamos mucho más. Esta clase de somnolencia es la que anhelamos, sabiendo que tendremos una buena noche de sueño por delante.

La somnolencia de la que Jesús nos advierte es la que nos permite el cerrar los ojos, no por cansancio, sino por ignorancia voluntaria, o pereza, o incluso egoísmo. Desearíamos poder evitar las situaciones difíciles de nuestras vidas. Esperamos no tener que hacer el duro trabajo de corregir un error. Queremos apagar las noticias e ignorar la difícil situación de otros cuyas necesidades nos hacen sentir incómodos. Estas ansiedades de la vida diaria pueden tener un efecto adormecedor en nosotros. Jesús lo sabía bien, y sacudió a sus discípulos para despertarlos. Los sacudió con sus palabras, sus encuentros y su crítica del mundo en el que él y sus discípulos se encontraban. Él también nos despierta a nosotros, instándonos a estar alerta a lo que sucede en y alrededor de nosotros.

Meditación: Al comenzar esta temporada de expectación, nos despertamos a un ritmo diferente. Nos damos cuenta de que no es suficiente con pasar por los movimientos de la vida diaria. En estas semanas, permitimos que nuestros corazones y mentes se sintonicen con Dios en el mundo, en el pasado, en el presente y en el futuro. El Adviento nos recuerda que Dios ya está trabajando. ¿Esta verdad acelera mi corazón y da forma a mi relación con el mundo?

Oración: Jesús, despiértanos de nuestra somnolencia. Ayúdanos a sentarnos erguidos, a escuchar tu voz y a observar tu presencia. Crea en nosotros el deseo y la voluntad de entrar en cada día de esta temporada anticipando cómo se nos pedirá que ayudemos a otros a conocer tu presencia salvadora.

Recibe la instrucción

Lecturas: Is 2, 1-5; Mt 8, 5-11

Escritura:
"Vengan, subamos al monte del Señor . . .
para que él nos instruya en sus caminos
y podamos marchar por sus sendas". (Is 2, 3)

Reflexión: Nuestros mejores maestros siguen teniendo un lugar en nuestros corazones. Los admiramos por su sabiduría y su bondad, por su honor y su fuerza. Qué apropiado es ese "admirar" por aquellos a quienes deseamos imitar: un profesor estricto que descubrimos mostrando compasión por un estudiante que lucha, un mentor exigente que saca de nosotros dones que no sabíamos que teníamos, o un padre cuya disciplina es sabia y previsora. A su manera, el profeta Isaías invita al pueblo de Dios a admirar al mejor instructor de todos. Subirán las colinas de Jerusalén hasta la casa de Dios, el templo. La instrucción que reciben los pondrá en forma para caminar en los caminos de Dios.

También se nos pide a nosotros que nos pongamos en forma, que abramos nuestros oídos y nuestros corazones, y que nos pongamos los zapatos en sentido figurado para que estemos listos para caminar en el camino de Dios. El pasaje de hoy de Isaías nos da una clave para la instrucción de Dios.

Hablando en nombre de Dios, Isaías describe un mundo en el que ya no se necesitarán espadas y las naciones ya no se entrenarán para la guerra. El Concilio Vaticano II toma este llamado, diciendo: "Las personas de la generación actual deben darse cuenta de que tendrán que rendir cuentas de su comportamiento belicoso". Aunque esto pueda sonar ingenuo, es sin embargo la visión que nos espera al aprender a caminar por el camino que Dios nos traza.

Meditación: ¿Cuán ardientemente esperamos ser instruidos en los caminos de Dios? ¿Creamos oportunidades a través del estudio de la Biblia y la oración? ¿A través de la amistad con otros que también aman a Dios? ¿A través de una lectura espiritual que sea edificante y desafiante? Considera en este día como tal instrucción ha informado tu vida, no sólo como niño sino como adulto, con preocupaciones y responsabilidades de adulto. En este día de Adviento, ¿ascenderás la montaña de Dios en tu propio corazón y encontrarás a Dios listo para hablar contigo? ¿Estarás listo para escuchar, aunque las palabras de Dios sean difíciles de digerir?

Oración: Equípanos, oh, Dios, con mentes y corazones listos para imaginar un mundo donde las rejas del arado sean más necesarias que las armas, y la comida más abundante que las espadas. Fortalece nuestra resolución de aprender tus caminos y reconocer tu sendero. Danos la gracia de mantener el rumbo.

30 de noviembre: San Andrés, apóstol

Acoge la Buena Noticia

Lecturas: Rom 10, 9-18; Mt 4, 18-22

Escritura:
¡Qué hermoso es ver correr sobre los montes al mensajero que trae buenas noticias! (Rom 10, 15)

Reflexión: Justo después del Concilio Vaticano II, los adultos católicos estaban hambrientos de una manera de entrar en la Biblia y sus ricos regalos para nosotros. Animados por el trabajo del concilio, un grupo en Arkansas consiguió la ayuda de un sacerdote benedictino local que acababa de terminar su trabajo académico en el área de las Escrituras. Era un tiempo de despertar en la iglesia, y los adultos querían la oportunidad de aprender la Biblia, crecer en su fe, y enamorarse más profundamente de Jesús. Veinticinco años después, en una celebración para este ministerio de estudios bíblicos, uno de los participantes levantó un brindis con estas palabras: "¡Por el Padre Jerónimo y sus hermosos pies!". De hecho, ayudó a dar vida a la Buena Nueva de Jesús entre nosotros.

En la primera lectura de hoy de Romanos, Pablo recuerda a sus lectores (antiguos y actuales) que el don de la fe viene de lo que se escucha. Por supuesto que está animando a los seguidores de Jesús a poner nuestros pies en marcha y llevar la Buena Nueva a los demás, pero también está animando a todos a dar la bienvenida a la Buena Nueva. Pablo nos invita a experimentar la belleza de la palabra de Dios, y lo hacemos cada vez que nos preparamos para escuchar las lecturas diarias, cada vez que ponderamos un pasaje hasta que nos habla, y muy especialmente cuando invitamos al Señor a habitar en nuestras mentes y corazones. ¿De qué otra manera llegaremos a reconocer la venida de Cristo?

Meditación: Considera las personas en tu vida cuyos pies son hermosos porque te han brindado la palabra de Dios: un párroco, un padre, un cónyuge, un amigo, un maestro, un escritor o un orador. Aunque debemos venir a Cristo personalmente, rara vez lo hacemos solos. Alguien ha compartido la Buena Nueva con nosotros y nos ha invitado a responder. En este tiempo de espera expectante, tenemos la oportunidad de reconocer con gratitud a estos embajadores de la Buena Nueva en nuestra vida personal.

Oración: Oh Dios, que eliges usar nuestros pies para tus propósitos, envíanos donde quieras. Que nuestras idas y venidas en la vida de los demás traigan bondad a sus vidas. Y que aquellos que vienen anunciando su presencia encuentren una bienvenida a casa con nosotros. Bendice a los que enseñan, a los que predican y a aquellos cuyas obras revelan tu bondad.

1 de diciembre:
Miércoles de la primera semana de Adviento

Estira tu imaginación

Lecturas: Is 25, 6-10; Mt 15, 29-37

Escritura:

"¿Dónde vamos a conseguir, en este lugar despoblado, panes suficientes para saciar a tal muchedumbre?" (Mt 15, 33)

Reflexión: Los lugares desiertos son el telón de fondo de muchas películas. Las viejas películas del oeste solían llevar al espectador a una escena en la que los edificios están desgastados, la planta rodadora atraviesa la ciudad y la puerta del salón se hunde en lo que queda de sus bisagras oxidadas. Es desolado; es una pizarra en blanco para los problemas, y nosotros, los espectadores, estamos listos para ver lo que se desarrolla.

Los lugares desiertos son también el escenario de muchas escenas a lo largo de las Escrituras. Pero en nuestros textos sagrados estos lugares proporcionan la oportunidad de encuentro y conversión: los esclavos liberados llegan a conocer al Dios de la liberación en el desierto del Sinaí, el profeta Elías se encuentra con Dios en los diminutos sonidos susurrantes de su cueva, Jesús vence las tentaciones de Satanás en el desierto de Judea, y Juan Bautista utiliza una escasa fuente de agua en el desierto para bautizar a los que se arrepienten.

El evangelio de hoy encuentra a Jesús rodeado de multitudes para un maratón de tres días de enseñanza. Es una reunión espontánea en una ladera, cerca del Mar de Galilea y lejos de las aldeas y hogares familiares. Jesús sabe que no puede despedir a la gente con hambre, y cuando menciona esto a sus discípulos, sólo ven un lugar desierto. No hay cocina, ni fogón, ni comida. ¡No tienen imaginación sobre el poder de Jesús para transformar un lugar desierto en un picnic! Están empezando a darse cuenta de que Jesús consiste en la abundancia, no en la escasez. Las escasas provisiones no son un obstáculo sino una oportunidad divina.

Meditación: Conocemos lugares desiertos, tanto dentro como alrededor de nosotros. El desafío para nosotros es reconocer que estos son los lugares donde Dios espera encontrarnos. No son sets de película en blanco esperando que los problemas lleguen como una planta rodadora; estos lugares desiertos son donde Dios nos nutrirá con el alimento sólido de la enseñanza sólida. Se nos pide que nos acerquemos a estos lugares que se sienten vacíos y desolados con la expectativa de encontrar al Dios de la abundancia, el Dios que tomará lo que ofrecemos y lo hará abundante.

Oración: Tú, oh Dios de los lugares desolados, ven a nuestro encuentro. Da forma a nuestra visión para que veamos la abundancia en lugar de la escasez, y la habilidad en lugar de la insuficiencia. Pon nuestros ojos y nuestros corazones en lo que podemos ofrecer en lugar de lo que nos falta. Multiplica los pequeños dones que tenemos para que, con tu gracia, sean suficientes.

Construye sobre roca

Lecturas: Is 26, 1-6; Mt 7, 21. 24-27

Escritura:
"El que escucha estas palabras mías y las pone en práctica, se parece a un hombre prudente, que edificó su casa sobre roca". (Mt 7, 24)

Reflexión: El Medio Oriente consiste en varios tamaños de roca, desde majestuosas montañas de roca a suaves mesetas de roca, hasta el más pequeño grano de arena. Toma siglos para que una roca del tamaño de una mano se reduzca a arena, y el proceso es una compleja fusión de agua, luz solar y fricción. Cuando Jesús habla de construir una casa sobre roca, está trabajando con la realidad que conoce como hijo de un paisaje endurecido. La roca proporciona los cimientos estables que perdurarán a lo largo del tiempo, de hecho, a lo largo de generaciones. Una casa construida sobre arena, sobre los más pequeños restos de roca, pronto se desvanecerá.

Isaías, en la primera lectura de hoy, proclama que "Yavé es la Roca para siempre". Esta metáfora de Dios también es popular en todos los salmos. Ya que Jesús y sus oyentes son educados en los salmos y profetas de su tradición, les dice a sus seguidores que los cimientos de roca son importantes no sólo cuando se construye una casa, sino cuando se construye una vida. No es suficiente simplemente establecer los planes para nuestras vidas, por muy reflexivos que sean; para asegurarnos de que nuestros planes sean sólidos, estamos llamados a compartir nuestros planes con el maestro de obras y escuchar una respuesta. Nos mantenemos en diálogo con el constructor para hacer los ajustes necesarios, incluso para empezar de nuevo si es necesario. Construir una vida plena y robusta, expuesta como estamos a todo tipo de elementos, exige unos cimientos fuertes.

Meditación: Vivimos en un mundo que nos expone a numerosos intereses que compiten por nuestra atención. Muchos de ellos, para referirse a la carta de Pablo a los Filipenses (4, 8), son verdaderos, honorables, justos, puros, encantadores y amables. En algunos de los intereses del mundo descubrimos la presencia misma de Dios. Pero las prioridades de nuestro mundo y nuestra cultura están a menudo en desacuerdo con la Buena Noticia. Determinar lo que es roca sólida y perdurará, y lo que es más parecido a la arena que será arrastrada, requiere nuestra cuidadosa atención y discernimiento en oración. El Adviento nos ofrece un tiempo que es muy adecuado para tal auto-examen.

Oración: En este Adviento, oh Señor, te invitamos a revisar los planes que tenemos para nuestras vidas. Ayúdanos a construir una base sólida para nuestros grandes sueños, una base construida con tu misma presencia e impregnada con tu sabiduría. Queremos que nuestras vidas reflejen tus valores y prioridades, y que nuestros hogares acojan a los que buscan los firmes cimientos que tú proporcionas.

3 de diciembre: San Francisco Javier, sacerdote

Abraza la alegría

Lecturas: Is 29, 17-24; Mt 9, 27-31

Escritura:
Los oprimidos volverán a alegrarse en el Señor . . .
porque ya no habrá opresores . . . (Is 29, 19. 20)

Reflexión: A menudo oigo a los padres, tíos y tías y abuelos decir algo como: "Sólo quiero que mis hijos sean felices". Mientras que el sentimiento es comprensible (¿Quién quiere que su hijo o hija esté triste? ¿O su hijo adulto esté malhumorado?), seguramente lo que queremos para nuestros hijos es más que la felicidad. La felicidad es fugaz y suele ser una respuesta a circunstancias externas como una gran fiesta, un ascenso o una victoria atlética. Aunque estas cosas pueden hacernos felices, el sentimiento no dura; simplemente no puede durar porque las circunstancias cambian. La alegría, por otro lado, especialmente encontrar alegría en el Señor, no se trata de sentimientos. Se basa en la convicción de que Dios está con nosotros en cualquier circunstancia en la que nos encontremos, y que nuestras vidas tienen un propósito claro debido a la presencia de Dios con nosotros y en nosotros. Esa convicción está quizás más cerca de lo que realmente queremos para nuestros hijos y para nosotros mismos.

El profeta Isaías asegura a los humildes que la alegría volverá cuando los tiranos caigan. En la época de Isaías, Judá se encontraba en medio del desmoronamiento de la corrupción interna y la presión política y militar externa. El llamado del profeta era para recordar al pueblo de Dios su identidad y la poderosa presencia de Dios con ellos. La pregunta para nosotros es si reconocemos nuestra propia humildad y nos hacemos amigos de ella, o si estamos del lado de los tiranos que no pueden permitirse ser lo suficientemente vulnerables para confiar en la misericordia de Dios.

Meditación: Al sacerdote y filósofo francés Teilhard de Chardin se le atribuye el mérito de decir que la alegría es el signo más infalible de la presencia de Dios. Y mientras que la alegría es listada por Pablo como un fruto del Espíritu (Gál 5, 22), muchos cristianos parecen estar terriblemente abatidos. La forma en que llevamos la presencia de Dios en nosotros afecta a nuestras disposiciones, nuestras relaciones, nuestros actos de servicio y nuestro progreso como discípulos. Si nos falta la alegría, este tiempo nos da la oportunidad de recordar de quién somos. Al renovar nuestra identidad, podemos aprovechar ese profundo pozo de alegría.

Oración: Suscita dentro de nosotros, oh, Dios, un profundo sentido de tu presencia permanente. Incluso en Adviento, mientras esperamos celebrar el nacimiento de tu hijo en Belén, también anticipamos su regreso. Que esta próxima venida sea una fuente de alegría para nosotros, y no de temor, mientras trabajamos para desmantelar lo que los tiranos han construido, y mientras descubrimos nuestro continuo deseo de tu misericordia y amor.

Ejércelo gratuitamente

Lecturas: Is 30, 19-21. 23-26; Mt 9, 35-10, 1. 6-8

Escritura:
"Gratuitamente han recibido este poder; ejérzanlo, pues, gratuitamente". (Mt 10, 8)

Reflexión: Si la Navidad es el tiempo para dar, entonces el Adviento puede ser la temporada de hacer listas y comprar regalos. Al menos, esa es la norma en nuestra cultura, impulsados como estamos a planear una perfecta celebración con la familia o los amigos, la perfecta selección de música para la misa de Navidad, y la perfecta comida para compartir con los demás. Agonizamos por los regalos que compraremos y cómo serán envueltos. Pero el estar "envueltos" en estos ritos de diciembre podría impedirnos encontrar la alegría en lo imperfecto y descubrir los mejores regalos que queremos compartir con los demás.

Cuando Jesús comisiona a sus seguidores más cercanos en el evangelio de hoy, les recuerda que el ministerio de ellos es continuación del de él. Ellos curarán a los enfermos, resucitarán a los muertos, limpiarán a los leprosos y expulsarán a los demonios. Nosotros también compartimos ese ministerio. Estamos comisionados para ofrecer el toque sanador de Jesús a aquellos en nuestras vidas que están físicamente enfermos o mentalmente agotados. Tenemos la oportunidad de ayudar a otros a identificar lo que ha muerto en ellos para que pueda ser resucitado con la ayuda de Dios. Podemos proporcionar un puente de aceptación a aquellos que se sienten excluidos de la comunidad. Y podemos proclamar la verdad de que el bien siempre triunfará sobre el mal. Estos regalos son los inestimables tesoros que nos han dado. Son los mismos regalos que podemos compartir sin costo alguno en esta temporada. Aún así envolveremos nuestros regalos y los daremos alegremente, pero los que duren no necesitarán ser envueltos.

Meditación: Tal vez lo que más deseamos, y lo que esperamos compartir, es una profunda experiencia de Dios. No es mágico; no puede ser comprado; no se empañará con la edad. Es dado libremente por el mismo Dios que nos hizo a cada uno de nosotros, así como los cielos y la tierra. Este don requiere algo de nosotros: atención. ¿Cómo entrenaremos nuestros corazones para reconocer el deseo de Dios de darnos lo que más necesitamos? ¿Cómo compartiremos lo que reciben nuestros corazones a menos que busquemos las aperturas, las oportunidades de continuar lo que se inicia cuando Cristo se instala en nosotros?

Oración: Dador de todos los buenos dones, nos dirigimos a ti con gratitud. Gracias por saber lo que más necesitamos, y dárnoslo gratuitamente. Guardián de los corazones, mantente atento a nosotros mientras buscamos oportunidades para compartir lo que hemos recibido.

SEGUNDA SEMANA DE ADVIENTO

Despejen el camino para que entre Dios

Lecturas: Bar 5, 1-9; Flp 1, 4-6. 8-11; Lc 3, 1-6

Escritura:
"Lo tortuoso se hará derecho,
los caminos ásperos serán allanados . . ." (Lc 3, 5)

Reflexión: Durante muchos años mi hermano menor disfrutó
principalmente del ciclismo de carretera, pero en los últimos
años el ciclismo de montaña se ha convertido en su preferen-
cia. Las rocas y las raíces desafían sus habilidades y resistencia, y los caminos apartados proporcionan el mejor escenario.
Al final de estos paseos siente una profunda sensación de
recompensa y placer. Todo lo que puedo ver, sin embargo,
es un terreno accidentado, y puedo imaginarme los músculos
doloridos de todo ese paseo de alto impacto. Creo que la
idea de suavizar los caminos ásperos, como Lucas cita al
profeta Isaías, suena muy bien en comparación. Por supuesto, Lucas no hablaba de ciclismo, pero hay algunas lec-
ciones valiosas de esa disciplina que podrían aplicarse.

La venida de Jesús no hizo, ni ha hecho, que todos los
caminos ásperos sean lisos o que los sinuosos sean rectos.
La mayoría de nosotros admitirá que nuestro viaje con el
Señor ha sido bastante sinuoso, y a veces accidentado, incluso discordante. Con el beneficio de la reflexión, también
podríamos reconocer que estos giros y vueltas ponen a

prueba nuestra resistencia y agudizan nuestros sentidos para encontrar que Dios está presente. Ese tipo de triunfo en medio de las dificultades es ciertamente satisfactorio. Incluso podríamos estar dispuestos a admitir que la belleza es muy dulce al salir de esas curvas y superar los obstáculos. ¿Podrían nuestros continuos viajes por estos terrenos difíciles ser parte de lo que los suaviza? ¿Podría ser que Dios nos esté usando para hacer un camino para la próxima venida de su hijo?

Meditación: En la lectura del evangelio de hoy, Juan el Bautista repite las antiguas palabras de Isaías para ofrecer consuelo. Juan asegura a los que vienen a él para el bautismo de arrepentimiento que la obra de redención de Dios es continua. Pero no se trata sólo de ofrecer consuelo. El pasaje comienza, "Preparen el camino del Señor". Para ellos, cooperar con Dios es esencial. También para nosotros. Esta temporada nos recuerda que el trabajo de preparación espiritual está en curso. A medida que hacemos nuestro camino de ida y vuelta sobre las rocas y piedras de los malos hábitos y actitudes, el camino se vuelve más suave y nos damos cuenta de que estamos despejando un camino para que Dios entre.

Oración: Tu pueblo siempre ha anhelado acogerte en sus corazones, Señor. Nos unimos a las filas de aquellos cuyo deseo de darles la bienvenida va acompañado de la determinación de despejar un camino donde puedan entrar más libremente. Ven, Señor Jesús.

6 de diciembre: Lunes de la segunda semana de Adviento

Fortalece a los demás

Lecturas: Is 35, 1-10; Lc 5, 17-26

Escritura:
Digan a los de corazón apocado:
¡Ánimo! No teman (Is 35, 4)

Reflexión: Uno de mis salmos favoritos proclama: "No temerás los miedos de la noche" (Sal 91, 5). Lo recordé la primera vez que un fuerte ruido en mi casa me despertó en medio de la noche. Para ser honesta, las palabras del salmo no me reconfortaban mientras no supiera la fuente de ese ruido. De hecho, me parece que en algunas circunstancias es necesario tener unas cuantas onzas de precaución, tal vez incluso un saludable sentido del miedo. El miedo puede ser el instinto que nos protege de los peligros que podemos evitar.

Estoy segura de que el salmista habla principalmente de otros terrores de la noche, los que nos roban nuestra paz y nuestro sentido de propósito, los que nos congelan emocional o espiritualmente. La Biblia está salpicada con cerca de cuatrocientos recordatorios de no temer. Seguramente eso nos dice que el miedo es tan natural que debe ser abordado, pero también nos dice que el miedo no está destinado a formar nuestra identidad principal.

Cuando Isaías dice: "Ánimo, no teman", se dirige al pueblo de Dios capturado y llevado al exilio en Babilonia. Todo lo que les rodea es extranjero. Los recordatorios familiares de la presencia de Dios —el templo y sus cortes, el palacio real— han sido destruidos. Por supuesto que tienen miedo. Pero Dios no quiere que el miedo los defina. Envía al profeta Isaías para animarlos, literalmente para llenarles de valor en los días y noches más oscuros. Cuando nuestros corazones están temerosos, nos dirigimos a Dios para que nos dé valor.

Meditación: ¿Quiénes son los cobardes entre nosotros? ¿El trabajador que perdió su trabajo?, ¿el niño criado en un hogar con abuso?, ¿el atleta cuya carrera se ve interrumpida?, ¿la mujer cuyo embarazo llega sin una red de seguridad?, ¿el vecino anciano que vive con un ingreso fijo? Podemos ser los que proporcionen la fuerza de Dios y caminen con los demás a través de su miedo. El Adviento nos recuerda que Dios envió a Jesús para que caminara con nosotros, para ser la fuente de fuerza y coraje.

Oración: Jesús, cuando el miedo quiere dejarnos sobrecogidos, nos mantenemos firmes sabiendo que caminas con nosotros. Cuando el miedo amenaza con paralizar nuestros esfuerzos, nos llamas al frente. Recuérdanos que, en tu venida entre nosotros, tenemos un compañero fuerte y fiel incluso en la noche más oscura.

Reconsidera tu imagen de Dios

Lecturas: Is 40, 1-11; Mt 18, 12-14

Escritura:
"[E]l Padre celestial no quiere que se pierda uno solo de estos pequeños". (Mt 18, 14)

Reflexión: Cuando crecía, tenía la clara impresión de que muy pocos entrarían en las puertas del cielo, ya fueran perladas o no. El camino es estrecho; es más difícil para un camello pasar por el ojo de una aguja; podemos ser sorprendidos con la guardia baja en el día del Señor. Simplemente parecía imposible excepto para aquellos que llevaron vidas ejemplares, o murieron como mártires.

No veía ni escuchaba que mientras Dios nos prepara para las dificultades, es la *voluntad* de Dios que ninguno de nosotros se pierda. El deseo de Dios es que todos experimenten la plenitud de la vida. Nuestro evangelio de hoy nos asegura que Dios es como el pastor que busca a los perdidos. En otro pasaje del Evangelio, Jesús dice a sus discípulos: "No temas . . . porque al Padre de ustedes le *agradó* darles el Reino" (Lc 12, 32; énfasis añadido). San Pablo estaba tan profundamente convencido de esto que escribió a los Efesios: "[Dios] nos destinó de antemano para ser hijos suyos en Jesucristo" (Ef 1, 5), y a Timoteo que Dios "quiere que todos los hombres se salven" (1 Tim 2, 4).

Este deseo divino de nuestra salvación no nos permite comportarnos como queremos. Más bien, llama a nuestro verdadero yo, ese yo que está enraizado en la imagen de Dios en la que estamos hechos. Y cuando tropezamos en el camino, o nos desviamos de nuestra identidad más profunda como hijos e hijas adoptivos de Dios, Dios no se da por vencido.

Meditación: En nuestra cultura, tendemos a dar una alta prioridad al cumplimiento de la ley. Tal vez esto se deba a que sabemos que la obediencia a la ley generalmente establece parámetros para la armonía y crea un sentido de orden en una comunidad. Desde un punto de vista cristiano, sin embargo, ser respetuoso de la ley no es una garantía de recompensa espiritual. Estamos llamados a una forma más elevada de armonía, que fluye de una relación continua y siempre más profunda con el Dios que nos ama primero, que nos ama mejor y nos ama siempre, y con nuestro prójimo que también es digno de ser amado de esta manera.

Oración: Oh Dios, pastor de un rebaño bastante rebelde, enséñanos a escuchar tu voz. Ayúdanos a permitir que tu amor penetre en nuestra conciencia. Búscanos cuando nos desviemos, reúnenos en tus brazos, y devuélvenos al rebaño que tú apacientas.

8 de diciembre: La Inmaculada Concepción
de la Santísima Virgen María

Permite que tu corazón reflexione

Lecturas: Gen 3, 9-15. 20; Ef 1, 3-6. 11-12; Lc 1, 26-38

Escritura:
"Alégrate, llena de gracia, el Señor está contigo". Al oír estas palabras, ella se preocupó mucho y se preguntaba . . ." (Lc 1, 28. 29)

Reflexión: "El Señor es contigo". Esas palabras suenan reconfortantes todos estos siglos después porque sabemos el resultado. María, sin embargo, estaba muy preocupada en ese momento. ¿Quién no se preocuparía por un encuentro tan directo con el mensajero de Dios? ¿Especialmente un mensajero asociado, hasta este punto en la tradición judía, con el fin de los tiempos (Dan 8, 15-27)? La respuesta inicial de María, con esa historia en mente, suena bastante comprensible. El pasaje del evangelio usa una palabra particular, "meditar", para describir lo que María hizo después. Una palabra similar se utiliza para describir la respuesta de María a los pastores que visitaron a su hijo recién nacido y dijeron que un ángel le había revelado que era el Mesías y el Señor (Lc 2, 19).

La reflexión se describe a menudo como una actividad mental. Puede significar que una persona sopesa el valor de algo al considerarlo seriamente. Otra definición que presta atención al corazón es quizás mejor. En las lenguas semíticas, como el hebreo y el arameo, el corazón es el centro de la persona, el lugar donde la razón, la emoción, la imaginación, la conciencia y la oración conviven. Reflexionar es contemplar, masticar algo mientras se intenta darle sentido, permitir que el corazón interactúe con él mientras determina si se rinde o no. Este es el tipo de reflexión que María seguramente hizo en su encuentro con el ángel Gabriel. Sólo después de reflexionar, pudo reunir el coraje para escuchar más, para preguntar cómo se realizaría la obra de Dios en ella, y para responder alegremente: "¡Sí!". La reflexión de María seguramente duró toda su vida y requirió muchas entregas de su corazón.

Meditación: Las palabras del avemaría, basadas en la escena del evangelio de hoy, se nos enseñaron a muchos de nosotros cuando éramos niños, y las hemos repetido miles de veces. Podemos familiarizarnos tanto con las palabras e imágenes de la Escritura que perdemos su capacidad de cortar los ritmos rutinarios de la vida. O podemos permitir que esas mismas palabras e imágenes aumenten nuestra conciencia de cómo Dios se mueve en el mundo, en este caso cómo Dios trabajó en la vida de una mujer, y cómo Dios trabaja en nosotros. ¿Qué te pide Dios que reflexiones hoy?

Oración: En estos días de Adviento, recordamos que nuestra Madre Santísima fue una vez una muchacha sencilla que eligió escuchar al mensajero de Dios, una chica que se tomó el tiempo de reflexionar. Ayúdanos, oh Dios, a reducir la velocidad lo suficiente para escuchar tu voz, y en silencio poder reflexionar sobre tus palabras.

Lee desde una posición sin poder

Lecturas: Is 41, 13-20; Mt 11, 11-15

Escritura:
"Yo les aseguro que no ha surgido entre los hijos de una mujer ninguno más grande que Juan el Bautista. Sin embargo, el más pequeño en el Reino de los cielos, es todavía más grande que él" (Mt 11, 11)

Reflexión: A veces, antes de ver un largometraje, he visto el avance, una película de dos o tres minutos de duración que ya sea estropea toda la trama o despierta mi interés lo suficiente como para ver la fecha de estreno. El relato del evangelio de hoy se siente como uno de esos avances. El narrador es el personaje principal de la historia, Jesús, y presenta a un primer coprotagonista, Juan Bautista. El contexto es un malentendido, e incluso amenazas, contra las dos grandes figuras que marcan el comienzo del reino de Dios. Lejos de estropear la trama, este avance me tiene enganchado y quiero saber más.

Ambos hombres han alterado el status quo: Juan preparando un camino para Jesús y llamando al arrepentimiento, y Jesús viniendo entre ellos sin todos los adornos con los que muchos en el poder se habrían sentido más cómodos. A estas alturas de la historia, Juan ya ha sido puesto en prisión y pronto sería ejecutado, y Jesús está proclamando un reino en el que los papeles normales de los que tienen y los que no tienen se invierten. De hecho, en el reino donde Dios reina, los más pequeños son los más grandes. Jesús ilustra esto una y otra vez en sus palabras y hechos a lo largo de su ministerio público, creando una mayor tensión con los que están en el poder y una mayor esperanza en las vidas de los que están al margen de la sociedad. Cuando leemos la Biblia, importa si estamos leyendo desde el punto de vista del poder o desde una posición sin poder.

Meditación: Cuando leemos la Biblia, necesariamente escuchamos su significado desde nuestro contexto cultural y nuestra posición en la sociedad. Pero no podemos detenernos ahí si queremos descubrir capas más profundas de significado. En los tiempos de Jesús, aquellos sin acceso al poder (religioso o político) eran en gran medida ignorados, pero el mensaje de Jesús puso a estas poblaciones sin poder al frente y en el centro. Desafió a la gente de su tiempo que ejercía el poder a escuchar desde una perspectiva diferente. Nuestro desafío también es ponernos en la posición de los "más pequeños" y determinar si permitiremos que las palabras de Jesús nos liberen de las normas que están en conflicto con el evangelio.

Oración: Jesús, enséñanos a abrir nuestras mentes y corazones al poder de tu mensaje. Recuérdanos que leamos y recemos con tus enseñanzas desde la perspectiva de los pobres, los olvidados, los encarcelados y los marginados. Prepáranos para recibirte con pobreza de espíritu.

10 de diciembre:
Viernes de la segunda semana de Adviento

Lamenta y aprende

Lecturas: Is 48, 17-19; Mt 11, 16-19

Escritura:
¡Ojalá hubieras obedecido mis mandatos!
Sería tu paz como un río
y tu justicia, como las olas del mar. (Is 48, 18)

Reflexión: A veces tengo la tentación de volver al pasado, en particular a los errores o al dolor del pasado. *Si no hubiera* . . ., pienso para mí misma; *Si no hubieran* . . . Estos son deseos de anhelar deshacer lo que se ha hecho por mí o a mí, para imaginar cómo las cosas podrían haber sido diferentes. He descubierto que este tipo de cavilación no cambia nada. Es mucho mejor lamentarse y aprender, que es precisamente lo que está sucediendo en nuestra lectura de hoy de Isaías. Dios lamenta que el pueblo de Judá haya ignorado los mandamientos vivificantes de la Alianza y en su lugar se haya puesto en la posición de ser mantenidos en cautiverio en Babilonia. Dios está invitando a su pueblo a entrar en el lamento con él para que puedan realmente aprender a vivir.

El lamento de Dios no es un morar morbosamente en los pecados pasados de Judá, aunque Dios definitivamente usa a Isaías para ayudarles a ver su pecado: la idolatría de adorar a falsos dioses y entrar en alianzas extranjeras, así como la falta de misericordia y justicia para los pobres en su medio. El lamento de Dios es más bien el grito de un padre que quiere que su hijo adulto joven aprenda del pasado y avance con más madurez. Tal lamento reconoce el pecado por lo que es y luego proporciona imágenes que pintan un cuadro de lo que puede ser: la paz como un río, la reivindicación como las constantes olas del mar. Miren a su alrededor y vean qué imágenes de la naturaleza podrían estar llamando a la iglesia hoy en día a volverse hacia el Señor.

Meditación: Aunque el arrepentimiento no es el foco principal del Adviento, el arrepentimiento es definitivamente parte de cómo nos preparamos para la gran venida de Cristo. El lamento es crítico para ese proceso. Identificamos las formas en que nosotros y nuestro mundo están fuera de paso en nuestro caminar con el mundo, y lamentamos. ¿Cómo podría el lamento individual ayudar a redirigir a cada uno de nosotros? ¿Qué podría requerir el lamento de nuestra comunidad de fe en estos días mientras preparamos el camino para el Señor?

Oración: Oh Dios, nos presentamos ante ti con un sincero deseo de caminar en tus caminos. Ayúdanos a reconocer nuestras faltas y a buscar los signos de renovación en nuestras vidas. En los paisajes invernales, ayúdanos a encontrar imágenes de paz que vuelvan nuestros corazones hacia ti.

11 de diciembre:
Sábado de la segunda semana de Adviento

Busca el rostro de Dios

Lecturas: Sir 48, 1-4. 9-11; Mt 17, 9. 10-13

Escritura:
Ven, Señor, a salvarnos. (Sal 79)

Reflexión: Cuando mi hermano menor era pequeño, se cansó de comprar con mi madre y conmigo en una tienda local. Preguntó si podía ir a ver los juguetes, y después de una buena instrucción de mi madre para que se quedara allí y nos uniéramos a él en breve, se puso en marcha. Dos minutos más tarde, fuimos dos pasillos más allá y no lo encontramos por ningún lado. Fue derecho a ver los juguetes, pero tenía en mente la juguetería del centro comercial. Estábamos frenéticas, desesperadas por encontrarlo. Ahora, por supuesto, él no sabía que estaba perdido, pero nosotros sí. Nunca olvidaré la cara de mi madre cuando finalmente le vio jugando inocentemente con un coche de carreras. Es esa expresión que imagino cuando pienso en ver el rostro de Dios, cuán lleno de alegría está de ver nuestros rostros vueltos hacia el suyo.

El salmo responsorial de hoy está anidado entre dos lecturas que hacen referencia al profeta Elías. Este es el profeta que advirtió a Israel y a su rey contra la adoración de falsos dioses, y desafió con éxito a los falsos profetas en el Monte

Carmelo. Este es el profeta que huyó a una cueva por seguridad, esperando encontrar a Dios en el trueno y el rayo pero en cambio descubrió a Dios en un suave susurro. Este es el profeta que fue llevado al cielo en un carro y se creía que regresaría antes del fin de los tiempos. Este es el profeta que aparece junto a Moisés y Jesús en la transfiguración, simbolizando que la plenitud del tiempo está sobre nosotros. Ahora es el momento de volver el rostro y ver que Dios nos ha encontrado.

Meditación: El tiempo de Adviento está repleto de siglos de anhelo, anhelo por el Mesías, anhelo por la misericordia de Dios, anhelo por la luz y la bondad de Dios, en definitiva, anhelo por ver el rostro de Dios y vivir. En Jesús, hacemos justamente eso. Miramos el rostro de Dios en Cristo, y comenzamos a ver el rostro de Dios en aquellos con los que vivimos, con los que trabajamos y con los que nos encontramos a lo largo de los eventos ordinarios de nuestros días. Pide la gracia de mirar el rostro de Dios.

Oración: Jesús, el Cristo, eres el rostro de Dios, mirándonos con amor y misericordia. Que veamos tus ojos en los que nos miran para pedir ayuda, y tu sonrisa en los que nos animan. Entre lágrimas y risas, sabemos que estás cerca.

TERCERA SEMANA DE ADVIENTO

Regocíjate con alegría

Lecturas: Sof 3, 14-18; Flp 4, 4-7; Lc 3, 10-18

Escritura:
El Señor, tu Dios, tu poderoso salvador,
está en medio de ti . . .
él te ama y se llenará de júbilo por tu causa . . . (Sof 3, 17)

Reflexión: Recuerdo haberme sentido abrumada por una sensación de alegría hace años en la boda de un querido amigo. La congregación reflejó a la pareja lo que estaban exudando desde el momento en que los invitados comenzaron a llegar. La novia no se escondió para que el novio no la viera; el novio no estaba con sus padrinos esperando nerviosamente su entrada en el santuario. No, ambos estaban a las puertas de la iglesia, abrazando y besando a sus invitados, dándonos la bienvenida a la ceremonia y, más importante, a sus vidas como pareja. No teníamos ninguna duda de que Dios estaba presente cuando se prometieron el uno al otro y nos invitaron a bendecir su viaje con nuestro apoyo.

Dios desea regocijarse por nosotros de la misma manera que estas dos personas se regocijaron el uno por el otro y compartieron su alegría con nosotros. Jesús es la clara promesa de Dios de renovar su amor una y otra vez a lo largo de la historia. Profetas como Sofonías y Juan el Bautista anunciaron su llegada, creando una expectativa esperanzada.

Pablo proclamó desde una celda de prisión que, en Cristo, Dios proporciona una paz más allá del entendimiento. Pablo incluso exhortó a los que le escribían a que se alegraran siempre. En este Domingo de Gaudete (de la palabra latina que significa "regocíjense"), aclamamos que la venida de Jesús entre nosotros hace siglos ha esparcido ondas de alegría de Dios a través de la historia.

Mis amigos que se casaron hace muchas lunas con gran alegría también han experimentado gran tristeza y profundos desafíos. Pero esa alegría original los sostiene, como la alegría de ese tiempo original de alegría expectante en Belén ha sostenido al mundo.

Meditación: Inmediatamente después del padrenuestro en la misa, la oración del sacerdote contiene estas maravillosas líneas: "[A]yudados por tu misericordia, / vivamos siempre libres de pecado / y protegidos de toda perturbación, / mientras esperamos la gloriosa venida / de nuestro Salvador Jesucristo". Hay una gran diferencia entre simplemente esperar y estar expectante. Una es una prueba de paciencia, la otra es una expresión de esperanza. Seamos gente de esperanza bendita.

Oración: Señor, Dios nuestro, la venida de tu hijo a Belén fue motivo de gran alegría en la tierra y en el cielo. Pusiste al salvador en medio de nosotros para renovar tu amor en nosotros y por nosotros. Mientras esperamos su segunda venida, libéranos de la angustia y llénanos de bendita esperanza.

13 de diciembre: Santa Lucía, virgen y mártir

Di sí a la autoridad de Jesús

Lecturas: Nm 24, 2-7. 15-17; Mt 21, 23-27

Escritura:
"¿Con qué derecho haces todas estas cosas? ¿Quién te ha dado semejante autoridad?" (Mt 21, 23)

Reflexión: Cuando me convertí en maestra, tenía un salón lleno de estudiantes de tercer grado y enseñaba en el mismo salón donde una vez había sido estudiante. Tenía la sensación de que en cualquier momento mi antigua directora entraría en la sala y me preguntaría qué pensaba que estaba haciendo al tomar el control del aula. No importa que ella seguía siendo la directora y quien me había contratado. Fue ella quien me dio la autoridad necesaria para dirigir el aula y enseñar a los niños que estarían conmigo día tras día. Me sentía inadecuada al principio, casi una pretendiente. Con el tiempo, crecí en confianza y entendí que cualquier autoridad que tuviera sólo era válida cuando servía a los niños a mi cargo.

La autoridad es algo complicado. Es la compañera necesaria de la responsabilidad. Cuando se abusa de ella y se la desconecta de la responsabilidad, se convierte en un arma peligrosa. Jesús fue cuestionado sobre su autoridad porque identificó el abuso de autoridad de algunos de los escribas y fariseos. Sus palabras y acciones revelan un profundo compromiso con su responsabilidad de anunciar y construir el reino de Dios, y está claro que este reino celestial desafió a los reinos religiosos y políticos de su época. En el evangelio de hoy, se le hace a Jesús una pregunta legítima: ¿Quién te da la autoridad para desafiarnos? Sus interrogadores, sin embargo, no estaban preparados para aceptar su palabra, por lo que Jesús continuó revelando a través de su ministerio que su autoridad provenía de Dios.

Meditación: Al final del evangelio de Mateo (28, 16-20), Jesús resucitado se aparece a sus seguidores. Aunque todavía tienen algunas dudas sobre todo lo que ha sucedido, les da autoridad para continuar su misión. Asumimos esta responsabilidad de evangelizar como la misión constante de la iglesia. San Juan Pablo II escribió: "En efecto, la misión renueva la Iglesia, refuerza la fe y la identidad cristiana, da nuevo entusiasmo y nuevas motivaciones. ¡La fe se fortalece dándola!". ¿Cómo somos obedientes a la autoridad de Jesús que nos envía? ¿Cómo podríamos aceptar esta misión más plenamente?

Oración: Jesús, abrazaste tu misión de redimir el mundo compartiendo el amor, la misericordia y la justicia de Dios. Rezamos para aceptar tu autoridad en nuestras vidas. Que nuestros intentos de continuar tu misión hagan avanzar el reino que anunciaste y encarnaste.

14 de diciembre:
San Juan de la Cruz, sacerdote y doctor de la Iglesia

Presta atención al resto fiel

Lecturas: Sof 3, 1-2. 9-13; Mt 21, 28-32

Escritura:
[Y]o dejaré en medio de ti, pueblo mío,
un puñado de gente pobre y humilde.
Este resto de Israel
confiará en el nombre del Señor. (Sof 3, 12)

Reflexión: Mi abuela tenía una vieja máquina de coser Singer negra en el rincón de su gran cocina. Guardaba trozos de tela de sus proyectos para poder coser pequeños y elegantes vestidos, chaquetas y pantalones para nuestras muñecas. Me maravillaba que ella pudiera poner un pequeño bolsillo o coser una sisa del tamaño de mi dedo meñique. Nos encantaba buscar entre sus telas sin usar para encontrar el remanente adecuado para que lo usara. Sabía cómo usar algo "sobrante", algo que era pequeño e insignificante, para hacer de él algo nuevo, fresco y robusto.

En cierto modo, eso es de lo que habla el profeta Sofonías en la lectura de hoy. Está diciendo que en medio del sufrimiento, el pecado y el hasta el exilio, cuando parece que la fidelidad se ha ido y la alianza no puede ser salvada, Dios encontrará una manera de hacer un pueblo fresco y nuevo. La noción de un resto fiel se encuentra a lo largo de los escritos de los profetas en particular. Los profetas están encargados por Dios de desmantelar lo que es pecaminoso e injusto en las sociedades de Judá e Israel, y luego ayudar a los que se arrepienten y vuelven a Dios a convertirse en una nueva creación. Los que estaban entre los menos importantes de la sociedad, fieles pero ignorados, debieron sentir una clara sensación de haber sido dejados de lado, pero Dios les asegura que no son olvidados: son un resto fiel que verá las promesas de Dios cumplidas.

Meditación: ¿Dónde buscamos las formas en que Dios está usando un resto fiel en nuestras parroquias? ¿En nuestras familias? ¿En nuestra vida personal? ¿Somos lo suficientemente humildes para escuchar el testimonio de los demás y permitir que sus experiencias toquen las nuestras? ¿Somos lo suficientemente humildes para encontrar en nosotros mismos ese rayo de esperanza de que Dios sigue actuando en nosotros y en nuestro mundo para provocar la renovación?

Oración: Ser fiel significa a menudo estar listo para arrepentirse y listo para esperar de nuevo. En este tiempo de Adviento, oh Dios, usa cualquier resto de fe que encuentres entre nosotros para reconstruir tu pueblo. Danos la humildad de acudir a ti.

15 de diciembre:
Miércoles de la tercera semana de Adviento

Busca las pruebas

Lecturas: Is 45, 6-8. 18. 21-25; Lc 7, 19-23

Escritura:
"Vayan a contarle a Juan lo que han visto y oído: los ciegos ven, los cojos andan, los leprosos quedan limpios, los sordos oyen, los muertos resucitan y a los pobres se les anuncia el Evangelio" (Lc 7, 22)

Reflexión: Cuando los discípulos de Juan le preguntaron a Jesús si era el que iba a venir, el que ellos habían estado esperando, un simple "sí" o "no" no sería suficiente. Desde el principio, Jesús forma a su audiencia para pasar de la curiosidad a la fe, de observadores a seguidores. Al decirle a los discípulos de Juan el Bautista que simplemente deben presentar la evidencia a Juan, Jesús les está diciendo que se involucren en el proceso y hagan el trabajo que será convincente. Permite que la verdad salga a la superficie a partir de las pruebas presentadas.

Aquí, en medio del Adviento, podemos preguntarnos por qué la iglesia nos pide que nos lancemos a las interacciones que el Jesús adulto tuvo con los que le rodeaban. Tal vez se nos está formando para reconocer que el niño Jesús que nacerá en Belén nos encuentra a lo largo de nuestras vidas como el Jesús adulto que revela la forma radical en que Dios habita con nosotros. Por muy chocante que sea anticipar la venida del hijo de Dios, el hecho que tomara nuestra propia naturaleza, cuánto más reconocer que viene a curar a los enfermos, restaurar la vida y honrar la dignidad de los pobres. Esta es la evidencia que Jesús elige presentar como testimonio de su identidad.

Meditación: Jesús parece estar de acuerdo con el adagio de que las acciones hablan más fuerte que las palabras. Los evangelios proporcionan volúmenes de evidencia de que Jesús conoce la importancia de la integridad, de hablar y actuar desde el centro mismo de su identidad. Cuando enseña a perdonar al prójimo, lo demuestra perdonando a sus verdugos. Cuando dice que los ojos de los ciegos estarán abiertos y los sordos oirán, restablece públicamente la vista y el oído. Cuando habla de la plenitud de la vida, lo demuestra resucitando a su amigo Lázaro y al hijo de una viuda. Él quiere decir lo que dice, e invierte su vida en vivir lo que predica. ¿Qué prueba se encontrará en nuestras vidas para demostrar que estamos comprometidos con Jesús?

Oración: Jesús, tu vida da testimonio de la naturaleza misma del amor de Dios. Continúa formándonos como tus discípulos para que nuestras palabras y acciones revelen nuestra identidad como tus discípulos.

Elige la paz

Lecturas: Is 54, 1-10; Lc 7, 24-30

Escritura:
. . . [M]i amor por ti no desaparecerá
y mi alianza de paz quedará firme para siempre . . . (Is 54, 10)

Reflexión: La primera lectura de hoy viene de una porción de Isaías que se dirige al pueblo de Dios en el exilio en Babilonia. Su templo en Jerusalén ha sido destruido por la guerra, su ciudad capital y los pueblos de alrededor están en ruinas, y la tierra que recibieron de Dios está ocupada por gente sin conciencia de su Dios. El pueblo de Judá ha sido dispersado, encadenado, y se ha preguntado dónde está Dios en todo esto. Muchos de sus profetas les habían advertido antes que su comportamiento apestaba a idolatría e injusticia, y en el exilio están pagando el precio. Ahora los profetas deben consolar y confortar al pueblo de Dios y prepararlo para invertirse con más entusiasmo en la alianza que Dios hizo con ellos.

La promesa de una paz inquebrantable debe haber sonado como una fantasía. Seguramente podemos relacionarnos con esa sorpresa: ¿Cómo puede Dios hablar de paz cuando a nuestro alrededor hay evidencias de disturbios y violencia? Mientras que nosotros deseamos que Dios agite una varita mágica y haga que todo cese (ciertamente Dios es capaz de esto), Dios elige trabajar a través de nuestros esfuerzos. Cada paso que disminuye la ansiedad es un paso hacia la paz. Cada vez que elegimos el perdón en lugar de la venganza es una elección para la paz. Cada esfuerzo realizado para crear un mundo justo es parte de la construcción de la paz. Me gusta imaginar a Dios usando cada uno de estos bloques de construcción de la paz para construir una casa inquebrantable para albergar a todos.

Meditación: En un mundo en el que la violencia abunda en las muchas formas en que recogemos de las noticias, puede parecer ingenuo creer en la paz que Dios promete; las pruebas parecen indicar lo contrario. Es nuestra tarea no sólo elegir la paz en pequeñas y grandes formas por nuestras decisiones y actividades, sino también descubrir la evidencia del amor y la paz de Dios que están justo en nuestro medio. Habla de actos de misericordia y perdón, comparte información sobre agencias que persiguen caminos pacíficos hacia la justicia, y reza pidiendo el valor de promover la paz dondequiera que haya discordia.

Oración: Jesús, Príncipe de la Paz, que tu venida entre nosotros continúe señalando la prioridad de la paz y el amor. Ayúdanos a confiar en tus promesas y a invertirnos en tu agenda divina.

17 de diciembre: Viernes de la tercera semana de Adviento

Sigue el camino de la justicia

Lecturas: Gen 49, 2. 8-10; Mt 1, 1-17

Escritura:
Florecerá en sus días la justicia
y reinará la paz, era tras era (Sal 72, 7)

Reflexión: Muchos de nosotros en el mundo occidental equiparamos la justicia con la venganza o el castigo. El principio del Antiguo Testamento de "ojo por ojo" que se encuentra en Éxodo 21 y en Deuteronomio 19 suena razonable si consideramos que la justicia vigilante habría exigido más. Pero el más amplio ideal bíblico de justicia puede ser aún más exigente. De hecho, la lectura de mañana de Jeremías identificará al Mesías como "nuestra justicia", diciéndonos que Dios quiere que vayamos aún más lejos. Así como Dios nos restaura y reconstruye cuando fallamos, Dios desea que hagamos lo mismo por los demás.

Jesús estaba muy familiarizado con la ley que limitaba el castigo a la medida del crimen. En los evangelios, dice: "Ustedes han oído que se dijo: 'Ojo por ojo y diente por diente'", pero luego continúa diciendo: "Pero yo les digo . . .". Para Jesús, incluso la justicia que es un castigo justo no va lo suficientemente lejos. En cambio, Jesús insiste en que pongamos la otra mejilla, que amemos a nuestros enemigos y que hagamos el bien a los que nos odian. Es una tarea muy difícil, y para muchos, extremadamente poco práctica. Pero, ¿lo hemos intentado? ¿Hemos encontrado una manera en nuestra vida personal de restaurar una relación rota en lugar de terminarla? ¿Hemos considerado formas de sanar a las víctimas de los delitos así como a los perpetradores, lo que algunos llaman justicia restaurativa? En el centro de la idea cristiana de la justicia está la convicción de que cada persona posee la dignidad que Dios le ha dado, y es esa dignidad la que requiere que hagamos algo más que simplemente castigar sin un camino de restauración y curación.

Meditación: La justicia exige que seamos responsables de la forma en que vivimos nuestras vidas, y que los derechos y las responsabilidades vayan de la mano. Nuestras comunidades de fe son el escenario perfecto para explorar formas de resolver conflictos con amor, buscar justicia para las víctimas de crímenes que sea duradera y considerar cómo reconstruir las relaciones rotas. ¿Cómo podrían tener lugar estas conversaciones en tu parroquia? ¿En tu familia? ¿Qué es lo más desafiante de la enseñanza de Jesús de ir más allá de un "ojo por ojo"?

Oración: Jesús, oh Sabiduría Encarnada, dirígenos en tus caminos. Proporciona el camino que lleva a nuestras familias a un mayor amor y a nuestras comunidades cívicas a una mayor armonía. En tiempos de inquietud, danos la sabiduría para doblegarnos a tu voluntad y mantener la justicia en todos nuestros tratos.

18 de diciembre: Sábado de la tercer semana de Adviento

Persigue la sabiduría

Lecturas: Jer 23, 5-8; Mt 1, 18-25

Escritura:
"José, hijo de David, no dudes en recibir en tu casa a María,
tu esposa, porque ella ha concebido por obra del Espíritu
Santo" (Mt 1, 20)

Reflexión: Según todas las normas culturales y religiosas de
la época, José habría tenido una justificación en poner fin a
su compromiso con María. En realidad, por ley, podría ha-
berla apedreado hasta la muerte. Su embarazo habría sido
una fuente de vergüenza; no era el padre del niño, y aún no
habían vivido juntos y sellado su compromiso. Buscó la sabiduría, lo que le llevó a la noción de un divorcio tranquilo.
En el contexto de la época, esta decisión es admirable y muestra mucha moderación e incluso respeto. Pero la sabiduría
de Dios necesitaba crecer más en José. Vino en forma de
sueño, la voz de un ángel instando a José a tener un coraje
extraordinario y una profunda confianza.

Mi propia búsqueda de sabiduría en las inevitables situaciones difíciles de la vida nunca ha encontrado un ángel que
me hable en un sueño. En cambio, me ayudan los amigos
llenos de fe, la escritura de los guías espirituales, las palabras
de la Escritura y la gracia de los sacramentos. He encontrado
la sabiduría si voy más despacio, si soy persistente y si estoy

abierta. La evidencia de la sabiduría de Dios se presenta de muchas formas: con profunda paz mientras se toma una decisión que cambia la vida, con alegría en circunstancias inesperadas, con profunda tristeza al descubrir que he herido a alguien, con fervor al tomar medidas para corregir una injusticia, y con tranquila resolución en medio del miedo o la ansiedad. José me habla como un poderoso testigo de la virtud de escuchar y luego hacer lo que es bueno y proviene del amor.

Meditación: A menudo me he encontrado buscando sabiduría para mi vida o en una situación difícil. Pero no siempre estoy preparada para recibir la sabiduría que Dios ofrece. En mi experiencia, la sabiduría de Dios rara vez nos permite hacer lo que es cómodo. Nos pide que seamos flexibles en lugar de rígidos, que estemos listos para movernos en lugar de quedarnos en el lugar. "Si alguno de ustedes ve que le falta sabiduría", escribe Santiago (1, 5), "que se la pida a Dios, pues da con agrado a todos sin hacerse rogar". Y luego prepárate para pensar y obrar de manera diferente.

Oración: Oh, Señor de Israel, libera a tu pueblo de todo daño. Danos el deseo de buscarte, y la resolución de seguirte donde nos guíes. Como José, en tiempos de incertidumbre o angustia, podemos escuchar tu voz.

CUARTA SEMANA DE ADVIENTO

Aprende a confiar en Dios

Lecturas: Mi 5, 1-4; Heb 10, 5-10; Lc 1, 39-45

Escritura:
"Dichosa tú, que has creído, porque se cumplirá cuanto te fue anunciado de parte del Señor" (Lc 1, 45)

Reflexión: Uno de mis jóvenes sobrinos estaba tomando clases de natación, pero todavía no era lo suficientemente valiente para dejar los bordes de la piscina o empujarse desde los anchos escalones que bajaban al agua. En las vacaciones estaba decidida a que se sintiera más cómodo con el agua y con el uso de su cuerpo para nadar. Cada día empezábamos en los escalones y cada día poco a poco se adentraba más en el agua para alcanzarme mientras yo me alejaba lentamente hacia la parte profunda. Al final de nuestra semana en la piscina estaba nadando como un pez. Tuvo que aprender a confiar en mí, y a confiar en sí mismo. El agua lo habría engullido sin ese elemento de confianza.

La lectura del evangelio de hoy llena de alegría es un testamento para la confianza. Isabel y María experimentaron cada una la intervención radical de Dios en sus vidas. Ambas mujeres eran candidatas poco probables para dar a luz; una era de edad avanzada y la otra aún no estaba lista. Confiaron en la palabra de Dios, y seguramente tuvieron que aprender a confiar en sí mismas y en sus experiencias de Dios. Cuando

Isabel bendice a María por creer en la promesa de Dios, no habla tanto del consentimiento intelectual de María como de una confianza visceral que permitió a María poner su futuro en manos de Dios. Las aguas del miedo podrían haberlas absorbido en el miedo a los chismes, el miedo sobre el futuro, la duda de sí mismas, pero su experiencia de Dios permitió que María e Isabel confiaran en Dios lo suficiente como para entrar en las aguas profundas del amor y el cuidado permanentes de Dios.

Meditación: Desde el tiempo de la creación, Dios nos ha estado invitando a una relación profunda de confianza, que es el núcleo de lo que significa creer en Dios. Estamos llamados a confiar en que Dios está con nosotros mucho antes de que estemos llamados a consentir la doctrina. De hecho, consentir las enseñanzas de nuestra fe solo tiene sentido en el contexto de una relación de confianza con Dios. Allí descubrimos que Dios es el Señor de nuestras vidas, transformando nuestra incertidumbre en un fundamento seguro.

Oración: Oh, raíz del tronco de Jesé, promesa de Dios de los más pequeños entre las tribus de Israel, florece una vez más entre tu pueblo. Pon a descansar nuestros enemigos —la incertidumbre, el miedo y la duda— y eleva a la vida un espíritu de confianza en tu poder y bondad.

20 de diciembre:
Lunes de la cuarta semana de Adviento

Di sí a la gracia de Dios

Lecturas: Is 7, 10-14; Lc 1, 26-38

Escritura:
"No temas, María, porque has hallado gracia ante Dios" (Lc 1, 30)

Reflexión: El preferido del maestro, el niño de oro, el viajero prioritario. Tenemos tantas formas de decir que alguien es escogido y recibe un tratamiento especial. A primera vista, eso podría ser lo que algunos escuchan en las palabras del ángel Gabriel a María. Ciertamente está siendo señalada, pero en la Escritura ser favorecida no equivale a ser la favorita.

Se le dice a María que es como los demás en la Biblia para quienes el favor divino (también traducido como "gracia") significaba una gran responsabilidad. El Génesis nos dice que Noé fue favorecido y su trabajo era salvar la creación de un gran diluvio. También en el Génesis, el patriarca José es favorecido por Dios y termina siendo vendido como esclavo, subiendo en las filas de los sirvientes del Faraón, y luego salvando a sus hermanos que originalmente le hicieron tanto daño. En el Éxodo, Moisés es favorecido por Dios, lo que implicó emparejar su ingenio con el faraón, forzar la liberación de los esclavos, vagar por el desierto durante años y ni siquiera llegar a entrar en la Tierra Prometida. El primer libro de Samuel cuenta la historia de Ana y su hijo Samuel, para quien el favor divino significaba decir la palabra de Dios a aquellos que no querían escucharla.

María conoce las historias de estos antepasados. Tiene que saber que su papel en el plan de Dios no será fácil. Ella es de la casa de David, de la tribu de Benjamín, de quien los profetas anunciaron que vendría el ungido de Dios. Necesitará confianza y coraje para responder al favor de Dios.

Meditación: La mayoría de nosotros no seremos visitados por un ángel, pero a todos nosotros se nos da alguna responsabilidad en el plan de salvación. A través de nuestros bautismos, Dios ya nos ha equipado para usar nuestras pasiones y personalidades, nuestros talentos y tesoros, para decir que sí a la construcción del reino de Dios. Eso no significa que nuestro "sí" siempre será fácil, pero significa que tenemos acceso a la gracia (o "favor") de Dios que María experimentó de una manera única. ¿Cómo vamos a decir que sí en este tiempo? ¿Dónde compartiremos nuestras habilidades?

Oración: Oh Llave de David, abre nuestros corazones a la gracia de Dios que trabaja en nosotros y entre nosotros. Que nuestras vidas reflejen a los demás la alegría de decir sí a tu amor y misericordia sin límites.

21 de diciembre:
Martes de la cuarta semana de Adviento

Comparte tus alegrías

Lecturas: Cant 2, 8-14 o Sof 3, 14-18; Lc 1, 39-45

Escritura:
María se encaminó presurosa a un pueblo de las montañas de Judea, y entrando en la casa de Zacarías, saludó a Isabel (Lc 1, 39)

Reflexión: Cuando mi hermana estaba embarazada de su primer hijo, ella y su marido vivían al otro lado del país. Debían viajar a casa para el Día de Acción de Gracias e hicieron un plan para compartir sus noticias con nosotros cuando todos estábamos reunidos. Inventaron una especie de juego y en el proceso revelaron las buenas noticias. Nunca olvidaré la sorpresa, la incredulidad, la alegría y las lágrimas de felicidad que impregnaron ese momento de revelación y perduraron durante toda su visita. Esta proclamación de buenas noticias fue un tiempo de gracia para nuestra familia.

Cuando me imagino a María viajando para visitar a Isabel, me imagino que este tipo de reunión desborda de las mismas emociones que sentimos en el Día de Acción de Gracias de hace años. No había forma de comunicar la buena noticia excepto en una visita personal. Tal vez ambas mujeres fueron objeto de chismes en sus ciudades. La lástima que una vez se sintió por una mujer mayor como Isabel que era estéril ahora probablemente se transformó en especulación. Y el embarazo de María a tan temprana edad y sin el beneficio de vivir con su marido seguramente alzó las cejas. Ahora estas mujeres podrían apoyarse mutuamente y compartir sus experiencias con Dios. Fue un viaje que valía la pena hacer.

Meditación: Muchas representaciones artísticas de la visita de María a Isabel muestran a dos mujeres acurrucadas juntas, quizás susurrando, o riendo, o llorando. Estas mujeres parecen estar conspirando, y qué apropiado si sabemos que la palabra es literalmente "respirar juntos" (con = con; spirar = aliento o espíritu). Son conscientes de que el aliento de Dios, presente en la creación, está presente en la creación de los niños en sus vientres. Su risa y sus lágrimas son signos del mismo aliento de Dios en este momento de gracia. ¿Con quién compartimos nuestras experiencias de la vida de Dios en nosotros?

Oración: Oh Jesús, Aurora Radiante, llena este día con oportunidades para experimentar tu presencia. Bríndanos amigos y parientes fieles con los que podamos compartir las buenas noticias de tu vida en nosotros. En estos últimos días de Adviento, ayúdanos a ser felices compartiendo la noticia de tu llegada.

Redescubrir el temor del Señor

Lecturas: 1 Sam 1, 24-28; Lc 1, 46-56

Escritura:
"Su misericordia llega de generación en generación
a los que lo temen.
Ha hecho sentir el poder de su brazo . . ." (Lc 1, 50-51)

Reflexión: Uno de mis profesores universitarios, un brillante historiador, padre de siete u ocho hijos, leía la Suma de santo Tomás de Aquino por la noche antes de retirarse, amaba la jardinería y era un magnífico narrador. Era lo que yo llamaría un hombre del Renacimiento. Nunca se cansó de aprender, y nos inculcó ese mismo deseo. Tenía el control total del aula y nos exigía lo mejor en nuestras discusiones y tareas de escritura. Tengo un claro recuerdo de este gigante intelectual asignándonos la lectura de la obra de Robert Bolt, *Un hombre para la eternidad*. Un día en la clase nos dimos cuenta de que nuestro profesor estaba llorando mientras leía una escena de la celda de la prisión de santo Tomás Moro. Nosotros también estábamos atrapados en la profundidad del sentido del bien y el mal de santo Tomás Moro. Y estábamos asombrados de nuestro profesor que evocaba una conciencia tan profunda.

El temor del Señor del que habla María es este tipo de temor. Sirve como una bisagra entre la misericordia de Dios y el poder de Dios. El asombro es la única respuesta verdaderamente humana una vez que comprendemos que Dios, que es todopoderoso, también se inclina hacia nosotros para extender la bondad y la sanación. Estamos asombrados por la habilidad de Dios de conciliar dos características que parecen opuestas: el poder y la compasión. María refleja esta idea en su oración. Ella vio esta capacidad de mantener unidos los opuestos en la vida de su hijo, Jesús, que pondría un alto estándar para la obediencia, al mismo tiempo que extendía el amor y el perdón.

Meditación: El Cántico de María (el Magníficat) aparece sólo aquí en nuestro ciclo de lecturas para la Misa. Aunque no se proclama como una lectura del Evangelio en ningún domingo, cuando la mayoría de la iglesia está reunida, es un elemento clave de la Liturgia de las Horas en la oración vespertina (también conocida como vísperas). Así como María repasa lo que Dios ha hecho por ella y por el pueblo de Dios a lo largo de la historia, cada noche también podemos rezar con María usando sus palabras. Renovará en nosotros el sentido de asombro y maravilla por la obra de Dios en nuestras vidas y en todo el mundo.

Oración: Oh, deseo de todas las naciones, infórmanos de la maravilla de contemplar cómo has formado el corazón humano para desearte. En estos últimos días de Adviento, permítenos dar testimonio de tus poderosas acciones y tu maravillosa misericordia.

23 de diciembre: Jueves de la cuarta semana de Adviento

Preparen el camino del Señor

Lecturas: Mal 3, 1-4. 23-24; Lc 1, 57-66

Escritura:
"He aquí que yo envío a mi mensajero. Él preparará el camino delante de mí . . ." (Mal 3, 1)

Reflexión: La iglesia ve en nuestras lecturas de hoy la oportunidad de destacar el papel que Juan el Bautista jugará en la preparación del camino para Jesús. En la lectura de Malaquías, las palabras del profeta están preparando al pueblo para la llegada del mensajero de Dios que los purificará. Y luego, varios siglos después, Lucas describe el nacimiento de Juan el Bautista, el niño que se convertirá en un profeta itinerante, predicando y bautizando para el arrepentimiento antes del ministerio público de Jesús. El profeta dice que el día del Señor será un día grande y terrible. Si estamos prestando atención, eso sonaría un poco siniestro.

El profeta Malaquías vivió en una época en la que parece que el caos y la corrupción estaban a la orden del día. El libro que lleva su nombre describe numerosos abusos religiosos y violaciones de la alianza con Dios. El día del Señor proveerá un ajuste de cuentas que no irá tan bien para aquellos que ignoren los deseos de Dios y se nieguen a responder al llamado del arrepentimiento. Así que el "terrible día del Señor" es el día de la decisión, no cuando Dios decide quién está dentro y quién está fuera, sino cuando nosotros, por nuestras propias decisiones, decidimos a quién vamos a servir.

En estos pocos días antes de Navidad se nos recuerda que preparemos el camino del Señor en nuestras vidas, para que el día de la venida del Señor no sea un tiempo de terror sino de regocijo.

Meditación: Los profetas, desde Amós hasta Juan Bautista, nos invitan a imaginar un mundo en armonía con la misericordia, la justicia y la fidelidad de Dios. Las Escrituras nos dan el lenguaje y las imágenes para preparar nuestros corazones para recibir no sólo a un niño nacido en un pesebre, sino para recibir al Cristo adulto que desafía los estándares culturales y nos incita a seguirlo. ¿Dónde nos está llamando el camino del Señor? ¿Cómo vamos a caminar por este camino?

Oración: Jesús, eres Emmanuel, Dios con nosotros. Estamos agradecidos por aquellos que han allanado el camino para que entres en nuestras vidas. Acompáñanos mientras respondemos a tu generosa misericordia. Que nuestra respuesta de obediencia sea un signo de nuestro amor por ti.

Experimenta la salvación a través del perdón

Lecturas: 2 Sam 7, 1-5. 8-12. 14. 16; Lc 1, 67-79

Escritura:
"[I]rás *delante del Señor a preparar sus caminos*
y a anunciar a su pueblo la salvación,
mediante el perdón de los pecados" (Lc 1, 76-77)

Reflexión: El perdón es una de las experiencias humanas más poderosas, potente por sus beneficios para la salud mental y más importante por lo que nos enseña sobre la salvación que Dios nos ofrece. En esta víspera de Navidad, estamos obligados a considerar la clase de Dios que quiere que lleguemos a experimentar la salvación a través del regalo del perdón. Un ejemplo viene a la mente inmediatamente.

En 2006, cinco niñas fueron asesinadas a tiros y otras cinco resultaron gravemente heridas en una escuela amish de un aula en la zona rural de Pensilvania. El tirador se quitó la vida. Las escenas de ese horrible día aparecieron una y otra vez en las noticias, no sólo por el horror que se experimentó ese día, sino por la increíble unidad en el perdón que ofreció la comunidad amish, especialmente a los padres del tirador. Los padres de los asesinados fueron a la casa de los padres del tirador para ofrecerles perdón y consuelo. Asistieron no sólo a los funerales de sus hijos sino también al del tirador.

Abrazaron el perdón de una manera dramática y desgarradora. Su trabajo de perdón comenzó inmediatamente, pero hacer ese trabajo no es una propuesta que se hace de una vez por todas. Continúan haciendo el trabajo que requiere la sanación.

El perdón ofrecido por la comunidad amish es revelador. Revela lo que han abrazado en su viaje espiritual, y dice mucho sobre quién es Dios para ellos y cómo experimentan la salvación.

Meditación: Mahatma Gandhi, el profeta de la paz en la India, dijo que no es posible que los débiles perdonen porque el perdón es el atributo de los fuertes. ¡Qué Dios tan fuerte y poderoso tenemos que envía a su hijo a nuestro mundo para ofrecer el perdón como un camino de salvación! El niño que esperamos esta noche es el Príncipe de la Paz, el portador del perdón y la sanación.

Oración: Oh, ven, oh, ven, Emmanuel. Eres Dios con nosotros, dador de libertad. Ayúdanos a aceptar el perdón que ofreces y a extender este regalo a otros para que te conozcan también.

TIEMPO DE NAVIDAD

25 de diciembre: La Natividad del Señor (Navidad)

Desenvuelve la belleza

Lecturas:
VIGILIA: Is 62, 1-5; Hch 13, 16-17. 22-25; Mt 1, 1-25 o 1, 18-25
NOCHE: Is 9, 1-6; Tit 2, 11-14; Lc 2, 1-14
ALBA: Is 62, 11-12; Tit 3, 4-7; Lc 2, 15-20
DÍA: Is 52, 7-10; Heb 1, 1-6; Jn 1, 1-18 o 1, 1-5. 9-14

Escritura:
. . . [Dios] ha hablado por medio de su Hijo . . .
El Hijo es el resplandor de la gloria de Dios, la imagen fiel de su ser y el sostén de todas las casas con su palabra poderosa (Heb 1, 2. 3)

Reflexión: Me atrae la belleza: el color, el movimiento, el lenguaje, el sonido. Las obras de arte clásicas y las flores simples que salen de las grietas captan mi atención. Los sonidos de una tormenta pueden crear una extraña quietud en mí, tan fácilmente como el goteo de agua en un arroyo. La belleza, para mí, crea pausas necesarias en mi vida que me permiten simplemente estar en el momento, dejando de lado la productividad y la ansiedad. Me siento atraída a participar en esa belleza de alguna manera: a bailar, o cantar, o plantar, o escribir. La venida de Jesús me parece una explosión salvaje de belleza, una belleza atronadora que requiere una atención cautivadora al momento de la venida de Dios.

El pasaje de Hebreos captura algo de este sentido para mí. Dios ha irrumpido en escena en el nacimiento de un niño, una vida salvaje y preciosa jadeando por aire, anunciando su llegada con ese grito de llegada que todo padre sabe que es una buena noticia. Este niño comunica quién es Dios: creador y sustentador. Desde su nacimiento hasta su muerte lleva la huella misma del ser de Dios, una profunda belleza que nos atrae hacia el asombro y la respuesta. Jesús, la refulgencia de la gloria de Dios, nos atrae este día hacia la luz brillante.

Meditación: El día de Navidad suele estar lleno de expectativas sobre el crear una memoria perfecta para nuestras familias, o sobre el intento de recuperar esos recuerdos si no estamos con los que amamos. Tal vez podamos dejar de lado por unos momentos la expectativa de cualquier cosa excepto descubrir la belleza de la venida de Dios. Ya sea solo o con otros, ¿dónde podríamos encontrar signos de esta belleza esperando a ser desenvueltos?

Oración: Oh Jesús, radiante amanecer de nuestro mundo, heraldo de la belleza, abre nuestros ojos para verte.

Oh Jesús, Palabra hecha carne, voz de Dios, abre nuestras mentes para contemplarte.

Oh Jesús, redentor de todos, mano de la salvación, abre nuestros corazones para amarte.

26 de diciembre:
La Sagrada Familia de Jesús, María y José

Conviértanse en una Sagrada Familia

Lecturas: 1 Sam 1, 20-22. 24-28; 1 Jn 3, 1-2. 21-24; Lc 2, 41-52

Escritura:
"Éste es el niño que yo le pedía al Señor y que él me ha concedido" (1 Sam 1, 27)

Reflexión: Muchas parejas no pueden concebir por una variedad amplia de razones. Una amiga mía había sufrido muchos abortos espontáneos antes de poder llevar un niño a término. Cuando nació su hija, los anuncios del nacimiento comenzaron con las palabras de Ana: "Este es el niño que yo le pedía al Señor . . .". Otra pareja que conozco también intentó sin éxito durante muchos años concebir un hijo, y cuando adoptaron su primer hijo, su anuncio de nacimiento contenía el mismo pasaje del primer libro de Samuel. Cuán simple y hermosamente estas antiguas palabras expresan lo que tantos tienen en sus corazones: el deseo de la bendición de un niño.

Lo que me llama la atención es que rezar por nuestros hijos es una parte fundamental de lo que significa ser adulto. Ana rezó para concebir un hijo, y estoy seguro de que también rezó por su hijo, Samuel, para que creciera hasta la madurez en los caminos de Dios. Madres y padres, padrastros, tías y tíos, abuelos y amigos, comparten con Dios sus preocupa-

70   *Tiempo de Navidad*

ciones sobre la crianza de los niños, y sus esperanzas y sueños para que sus hijos encuentren un propósito. De la manera más fundamental, simplemente presentamos a nuestros hijos a Dios, sabiendo que Dios los ama con abandono. Cuando los inevitables desafíos de la vida familiar se cobran su precio, esperamos haberles dado una base firme. Se necesita mucho trabajo para ser una familia; se necesita mucha confianza y oración para ser una sagrada familia.

Meditación: En esta fiesta de la Sagrada Familia, considera que la santidad no se trata de la perfección. Si ese fuera el caso, ninguna familia podría ser sagrada. La santidad empieza por saber que Dios nos ha apartado para un propósito, no sólo individualmente sino en medio de la comunidad. En el caos y la imperfección de la vida familiar, tenemos la oportunidad de aprender sobre nuestros dones y talentos, nuestros temperamentos, cuáles pueden ser nuestros llamados y cómo responder a las necesidades de nuestro mundo. Tenemos la oportunidad de rezar no sólo por nosotros, sino también con los demás, fundando nuestras vidas en la presencia de Dios.

Oración: Oh Dios, tú llamas a tu pueblo a la santidad. Ven y toma residencia en las vidas de nuestras familias, dándonos oportunidades para responder a tu amor en la forma en que nos amamos. Multiplica tu bondad en nuestras vidas para que donde haya división, podamos ser instrumentos de tu sanación.

27 de diciembre: San Juan, apóstol y evangelista

Sé testigo

Lecturas: 1 Jn 1, 1-4; Jn 20, 2-9

Escritura:
Les anunciamos, pues, lo que hemos visto y oído, para que ustedes estén unidos con nosotros, y juntos estemos unidos . . . (1 Jn 1, 3)

Reflexión: Una de las grandes alegrías de mi vida es el regalo de las amistades duraderas y significativas. Mis mejores amigos de la infancia, junto con algunos amigos que hice cuando estaba en la universidad y en la escuela de posgrado, siguen siendo una parte importante de mi vida. Los atesoro, junto con los amigos que han agraciado mi vida durante mis años de ministerio. Nos apoyamos unos a otros a través de pruebas, nos animamos unos a otros a través de logros, y nos desafiamos unos a otros a ampliar nuestras perspectivas. En más de una ocasión, un amigo me ha ayudado a ver el trabajo de Cristo en mi vida y en la vida de los que amo.

Cuando pienso en cómo empieza la Primera Carta de Juan, no puedo dejar de pensar en el poder de las relaciones, especialmente las amistades. ¿A dónde acudimos cuando queremos compartir buenas noticias? Encontramos una manera de llegar a nuestros amigos y familiares; queremos compartir con ellos lo que es importante para nosotros y lo que esperamos que sea importante para ellos también. En la

Primera Carta de Juan, el escritor ofrece un testimonio sobre Jesús, la Palabra de Vida, a cualquiera que escuche su mensaje. Los está reuniendo en el círculo de amistad que ahora experimenta con Cristo y desea que ellos también lo experimenten.

Los amigos que necesitamos son aquellos que comparten lo que han visto y oído como Dios actúa en sus vidas. Necesitamos ser ese amigo para los demás también.

Meditación: Los versículos iniciales de la Primera Carta de Juan dicen básicamente que el escritor ha visto a Dios en acción con sus propios ojos y ha tocado la evidencia del trabajo de Dios. Quiere dejar claro que, aunque a veces buscamos evidencia de Dios, no es tan difícil de encontrar. Escucha a los que conocen a Dios, que han experimentado a Cristo vivo en ellos. Pide la gracia de acoger la luz de Cristo a través de su testimonio. ¿Cómo los lazos de amistad con los demás nos llevarán a Cristo una y otra vez?

Oración: Tú, Señor, nos das amigos para que viajen con nosotros a través de este mundo. Llena nuestras amistades con amor firme, verdad firme, y la alegría de caminar en tus caminos. Que nuestro testimonio mutuo construya el Cuerpo de Cristo.

28 de diciembre: Los Santos Inocentes, mártires

Sé como José

Lecturas: 1 Jn 1, 5-2, 2; Mt 2, 13-18

Escritura:
José se levantó y esa misma noche tomó al niño y a su madre y partió para Egipto. (Mt 2, 14)

Reflexión: Me entristece informar que cada día de mi vida adulta he encontrado en los medios de comunicación un informe o dos sobre niños que están en peligro. Los niños pasan hambre a un ritmo alarmante y se presentan en las aulas con retortijones de hambre en lugar de la curiosidad por aprender. El sistema de cuidado tutelar está sobrecargado y poco supervisado. Hay niños que a veces desaparecen para no ser encontrados. Algunos niños nunca ven la luz del día. El abuso infantil ocurre más a menudo de lo que queremos admitir. Los niños se ven afectados por la violencia con armas de fuego, así como por el abuso de drogas y alcohol por parte de los adultos en sus vidas. La lista podría seguir y seguir.

En esta fiesta de los Santos Inocentes, recordamos los celos devastadores del rey Herodes y su monstruoso plan para eliminar cualquier amenaza futura a su poder. Lamentamos los niños perdidos por la violencia en la antigua Belén. Pero haríamos bien en recordar que el sufrimiento de los niños inocentes ha sido una constante en este mundo. Este año, centrémonos en José, y en todos aquellos como él que perciben el peligro y toman medidas para proteger a los inocentes: profesores y consejeros escolares que encuentran formas de intervenir; cocineros de escuelas y refugios que proveen comida para los hambrientos; los vecinos que vigilan los signos de abandono; profesionales médicos que ofrecen sus servicios a quienes no tienen acceso a la atención médica regular; los funcionarios de la ley, los trabajadores sociales y los jueces que tratan de determinar la mejor manera de cuidar a los niños en peligro; jóvenes que ofrecen amistad, risas e inclusión. Nuestro mundo necesita más Josés.

Meditación: Según todos los indicios, José y María eran gente de oración y de acción. Su huida a Egipto no fue sólo por desesperación, sino que fue una respuesta a la dirección de Dios. Hagamos todo lo posible para educarnos sobre lo que pone en peligro las vidas de los jóvenes en nuestro mundo hoy en día. Lleva esta información a la oración y pregunta qué puedes hacer para participar en proveer un mundo más seguro para aquellos que son inocentes, que sin tener culpa alguna se encuentran temerosos y perdidos. ¿Dónde podría cada uno de nosotros ser capaz de marcar una diferencia?

Oración: Oh Dios, protector de los inocentes, recuérdanos la imagen sagrada que cada persona lleva. Remueve nuestra conciencia para que realmente lamentemos el sufrimiento de nuestro mundo. Entonces, impúlsanos a la acción, y danos el valor para proteger a tus más pequeños.

29 de diciembre:
Quinto día de la Octava de la Natividad del Señor

Obedece los mandamientos de Dios

Lecturas: 1 Jn 2, 3-11; Lc 2, 22-35

Escritura:
En esto tenemos una prueba de que conocemos a Dios, en que cumplimos sus mandamientos. (1 Jn 2, 3)

Reflexión: Una antigua estudiante, ahora casada y madre de dos hijos en la escuela primaria, me asombra. Ella y otra joven madre de nuestra parroquia vieron una necesidad y se pusieron manos a la obra para solucionarla. Crearon un ministerio que colabora con un refugio local para personas sin hogar; el refugio trabaja para proporcionar vivienda a sus beneficiarios, y el grupo de nuestra parroquia les ayuda a instalarse con muebles y decoraciones que convierten un simple apartamento en un hogar.

Stephanie y su equipo están respondiendo a una necesidad y al hacerlo están respondiendo a los mandatos de Jesús de amarse los unos a los otros y cuidar de los más pequeños entre nosotros. En el proceso estas personas experimentan un sentido de su propia dignidad, y las amistades florecen. Este ministerio requiere mucha organización. Las donaciones deben ser reunidas, y clasificadas y almacenadas eficientemente. Los voluntarios deben estar informados y disponibles para el día de la mudanza. Los camiones deben ser cargados y descargados. Obedecer los mandamientos requiere más que buenas intenciones.

Amar a Dios y amar al prójimo requiere un compromiso de todo nuestro ser. No podemos quedarnos asombrados por la escena del pesebre y luego quedarnos impasibles cuando los demás no tienen donde reclinar la cabeza. Las cartas del Nuevo Testamento, como nuestra carta de hoy de Juan, revelan que el nivel de compromiso requerido para amar a Dios y a los demás requiere una constante instrucción y estímulo.

Meditación: Lejos de restringirnos, los mandatos de Dios nos liberan para crecer en nuestra identidad como cristianos. Tiene sentido que el Dios que nos creó sepa lo que nos permitirá crecer hasta la madurez y nos capacitará para ser amigos de Dios. Hacer obras de amor no siempre será fácil, pero siempre será fructífero. Vivir una vida de amor produce generosidad, gratitud, autocomprensión, integridad y una mayor confianza en Dios. En las rutinas de nuestra vida diaria, ¿dónde puede estar Dios pidiéndote un mayor compromiso con el amor?

Oración: Jesús, tu vida nos enseñó lo que significa amar a Dios con todo tu corazón y amar a tu prójimo como a ti mismo. Cada día, aumenta nuestro deseo de amar como tú amas y de encontrar nuestra identidad más profunda al responder al amor que ya compartes con nosotros.

Reconoce a Jesús en el Templo

Lecturas: 1 Jn 2, 12-17; Lc 2, 36-40

Escritura:
[Ana] no se apartaba del templo ni de día ni de noche, sirviendo a Dios con ayunos y oraciones (Lc 2, 37)

Reflexión: Cuando la historia de la presentación de Jesús en el templo se proclama en la liturgia del domingo, hay una opción más corta y se salta a Ana por completo. Qué maravilloso que la lectura de la misa diaria ofrezca su breve historia en su totalidad. Viuda y en sus 80 años, Ana proporciona un maravilloso ejemplo de fidelidad. Podrías estar pensando que no se puede esperar que la persona promedio esté en el templo (o en la iglesia) noche y día ayunando y rezando, y estarías en lo cierto. ¿Pero qué pasa si el templo que visitamos es el templo de nuestros corazones? ¿Y el ayuno que hacemos es el ayuno de los patrones de pecado en nuestras vidas? ¿Y la constancia de nuestras oraciones es ofrecer intencionadamente a Dios nuestros días y todo lo que contienen?

San Pablo escribió a la iglesia en Corinto: "¿No saben que son templo de Dios y que el Espíritu de Dios habita en ustedes?" (1 Cor 3, 16). Durante la pandemia de 2019–2020 se nos dio la oportunidad de descubrir una vez más que Dios siempre permanece en su pueblo, independientemente de que podamos o no participar físicamente en el culto público. Leer las Escrituras, hacer actos de comunión espiritual, las ceremonias litúrgicas en línea y la oración personal se convirtió en nuestro ritmo. Por supuesto, esto no es nuevo para el gran número de personas que, debido a la enfermedad o al envejecimiento, no pueden unirse a la comunidad de culto de forma regular. Dios habita en nosotros, y nos encontramos con Dios en el silencio de nuestros corazones, en el bullicio de nuestros días, y en actos de penitencia y servicio.

Meditación: Necesitamos modelos de fidelidad en nuestras vidas, gente como Ana cuya constancia a la vista de todos es en sí misma un testimonio de confianza en la bondad de Dios. También necesitamos descubrir que dentro de nosotros podemos visitar el templo de Dios con la misma constancia. Necesitamos saber que el deseo de encontrar a Dios en nuestro medio es en sí mismo parte del proceso que nos lleva al encuentro, al arrepentimiento y a la esperanza. Haz un esfuerzo para encontrar a Jesús en el templo que es tu vida.

Oración: Jesús, tu presentación en el templo de Jerusalén fue la señal de cumplimiento que Ana esperaba. Ayúdanos a esperar fiel e intencionalmente las formas en que aparecerás en nuestras vidas. Danos el don de la constancia en nuestras prácticas espirituales para que se cumpla nuestra esperanza de tu reinado.

31 de diciembre:
Séptimo día de la Octava de la Natividad del Señor

Brinda por la vida

Lecturas: 1 Jn 2, 18-21; Jn 1, 1-18

Escritura:
Él era la vida, y la vida era la luz de los hombres. (Jn 1, 4)

Reflexión: ¡Lejáim, por la vida! En el clásico cuento *El violinista en el tejado*, un patriarca de familia, Tevye, lucha por mantener la identidad y las tradiciones judías de la familia en medio de las políticas antisemitas de la Rusia de principios del siglo XX. El público, incluido yo, ha amado la producción por su estilo conmovedor, su música y su baile, y sus amados personajes. En su canción más reconocida, Tevye hace un brindis por la vida, aunque dice que "tiene una forma de confundirnos, bendecirnos y herirnos". ¿Quién no ha sabido que esto es verdad?

El Evangelio de Juan hace un brindis similar por la vida, alabando a la Palabra de Dios encarnada que se atreve a traer la luz a un mundo en el que la oscuridad persiste como un intruso no deseado en un banquete. En la conmoción de la vida familiar, Dios viene como luz. En los temores de la salud menguante, Dios viene como la luz. En la desgracia del racismo, Dios viene como la luz. En el escándalo de la violencia, Dios viene como la luz. Cuando la luz llega a un espacio, la oscuridad huye. Cristo, nuestra luz, sigue brillando con fuerza, invitándonos a iluminar aquellos lugares donde las sombras se prolongan. Llevamos la linterna de su luz, corriendo las cortinas, gritando: "¡Por la vida!".

Meditación: A medida que este año calendario llega a su fin, tal vez deberíamos considerar cómo la luz de Cristo nos ha ayudado a identificar las sombras que permanecen en nuestro mundo. En este último año, lo que nos ha magullado, nos ha dejado un poco heridos por el contacto. ¿Cuándo nos hemos encontrado en la oración pidiendo guía y fuerza? ¿Qué nos ha ayudado a cavar profundo para encontrar la bendición de la fuerza y la resistencia? Estos son los lugares en los que Dios elige traer la luz a través de la morada de su hijo en nosotros. Cuando empecemos a ver incluso astillas de luz emergiendo en estos lugares sombríos, tal vez cuando traigamos esa luz nosotros mismos, hagamos un brindis por el autor de la vida, la fuente de la luz.

Oración: Cristo, nuestra luz, ilumina este mundo cansado con tu continua y generosa misericordia.

Palabra hecha carne, enséñanos a buscar tu verdad y a vivir en su luz.

Dador de vida, envíanos con renovada energía para bendecir este mundo.

1 de enero: Solemnidad de Santa María, Madre de Dios

Desea la paz

Lecturas: Nm 6, 22-27; Gal 4, 4-7; Lc 2, 16-21

Escritura:
"Que el Señor te mire con benevolencia
y te conceda la paz" (Nm 6, 26)

Reflexión: Tengo un amigo que a menudo reflexiona en este sentido: "Si un extraterrestre apareciera, ¿qué pensaría de todo esto?". Este amigo normalmente intenta darle sentido a algo que ha visto en las noticias, o a una situación en su lugar de trabajo. Su punto es que a veces necesitamos dar un paso atrás y ver las cosas desde el punto de vista de un observador interesado pero no involucrado. En el último año, me he preguntado qué haría un observador de nosotros como pueblo simplemente leyendo nuestros mensajes en los medios sociales. ¿Encontraría ese observador pruebas de un pueblo reflexivo, una comunidad sabia, un pueblo que desea la paz? Lamentablemente, creo que no. Aunque varias plataformas de medios sociales nos han permitido mantenernos en contacto y compartir ideas e información, también nos han permitido ser más reactivos que receptivos o más irreflexivos que reflexivos.

La bendición que se encuentra en el libro de los Números me recuerda que Dios desea la paz, la clase de paz que se establece en medio de un pueblo en forma de integridad y justicia. Todos los que profesamos ser cristianos tenemos la obligación, me parece, de construir el tipo de ambiente donde este deseo de paz sea obvio para ese observador externo. Las palabras que utilizamos y los grupos que apoyamos ofrecen la oportunidad de dar testimonio de nuestras prioridades. La pregunta es si estamos dispuestos a ir lo suficientemente despacio para hacer como María y reflexionar sobre el mensaje de Dios en nuestros corazones.

Meditación: El 1º de enero es la solemnidad de María, Madre de Dios. En todo el mundo cristiano es también la Jornada Mundial de la Paz. Yo llamaría a esto una feliz coincidencia, o mejor aún, una conexión agraciada. La madre del Príncipe de la Paz nos enseña a ser reflexivos antes de reaccionar, a reflexionar en nuestros corazones antes de que las palabras pasen por nuestros labios o aparezcan en la pantalla en los medios sociales. María nos enseña a conformar nuestros deseos con los de Dios. ¿Reflejan mis deseos el deseo de paz de Dios? ¿Mis palabras y acciones se suman al pozo de paz del que todos podemos sacar agua? Tal vez dar pasos hacia la paz podría entrar en una corta lista de resoluciones para el año que viene.

Oración: Señor amoroso, Príncipe de la Paz, continúa formando nuestras mentes y corazones. Que nuestras palabras construyan en lugar de destruir. Que identifiquemos los obstáculos a la paz de tal manera que atraigan a la gente hacia ti.

María, Madre de Dios, intercede por nosotros mientras aprendemos a imitar a tu hijo.

EPIFANÍA Y BAUTISMO DEL SEÑOR

2 de enero: La Epifanía del Señor

Conviértete en un compañero de viaje

Lecturas: Is 60, 1-6; Ef 3, 2-3. 5-6; Mt 2, 1-12

Escritura:
"Vayan a averiguar cuidadosamente qué hay de ese niño"
(Mt 2, 8)

Reflexión: En la mayoría de las parroquias donde he rendido culto, los tres magos no aparecen en ningún lugar cerca del pesebre hasta el día de Navidad, y entonces sólo en nuestra visión periférica. Día tras día se acercan más al pesebre hasta que en la Epifanía llegan finalmente. Tengo amigos que permiten que sus hijos muevan a los magos por la casa cada día mientras buscan al bebé cuya pequeña familia está acurrucada en un establo. No es por magia que los sabios orientales aparecen en Belén; están respondiendo a un signo celestial y han estado viajando en busca de un niño que saben que de alguna manera aborda las esperanzas de todos.

La fiesta de Epifanía destaca la historia de los magos como parte de la continuación del evento de Navidad. Si los que escuchan sobre el nacimiento de Jesús no entienden aún su significado, su identidad se revela aún más en la llegada de los gentiles para traer regalos y humillarse en su presencia. Mateo incluye la historia en su evangelio para enfatizar que la salvación está disponible incluso para aquellos que están fuera de la relación del pacto de Israel con Dios.

Tú y yo conocemos a mucha gente que está buscando algo. Algunos quieren encontrar un significado más profundo a sus vidas, algunos quieren encontrar el camino profesional correcto, y otros quieren encontrar la libertad de lo que los ata. Al acercarnos a Jesús, tenemos algo que ofrecerles en su búsqueda, no una palmadita de respuesta a sus preguntas, sino compañía en el camino de descubrir el amor de Dios que da sentido a todo lo demás.

Meditación: A veces tenemos la impresión de que, habiendo encontrado a Jesús, nuestra búsqueda es completa. Por supuesto, siempre somos desafiados a crecer en nuestra relación con Jesús y nuestra comprensión de su reino. También es posible que comience otra búsqueda: la búsqueda de la mejor manera de usar los dones que nos han sido dados para llevar a otros a Jesús. Queremos que la gente se comente a sí misma: "Me gustaría saber qué tiene que le hace seguir adelante", o "Tengo que conocerla y ver qué es lo que hace su vida tan alegre". Tenemos oportunidades todos los días para revelar a otros la persona que conocemos que comenzó la vida en un pesebre en Belén.

Oración: Jesús, sabemos que tu luz brilla para que todos la vean. Ayúdanos a ser compañeros de confianza de los que te buscan, ya sea que sepan o no a dónde les llevará el viaje. Danos dirección, mantennos humildes y llénanos de alegría.

3 de enero: Lunes después de la Epifanía

Arrepiéntete

Lecturas: 1 Jn 3, 22-4, 6; Mt 4, 12-17. 23-25

Escritura:
"Conviértanse, porque ya está cerca el Reino de los cielos" (Mt 4, 17)

Reflexión: Recuerdo haberme dado cuenta de que cuando los evangelios hablaban del reino de Dios o del reino de los cielos, no era un lugar lejano y alejado de este mundo. El reino del que habla Jesús y que nos invita a compartir está "a mano", en nuestro medio, cerca, ¡entre nosotros! Estaba en la escuela secundaria y me preguntaba cómo podía ser verdad cuando estaba claro que la guerra nunca salía de las portadas de los diarios, la corrupción en el gobierno era algo cotidiano, la gente pobre seguía siendo pobre y la gente que amaba seguía estando gravemente enferma. Si el reino del que habla Jesús trae buenas nuevas a los pobres y sanación a los enfermos y paz que sobrepasa el entendimiento, ¿dónde estaba la evidencia?

Una de las claves para encontrar esa evidencia es eliminar lo que nubla mi visión. Descubrí la necesidad de arrepentimiento. Tanto Juan el Bautista como Jesús gritan: "Arrepiéntanse", y he llegado a creer que golpear el pecho no es exactamente lo que tenían en mente. La definición clásica es que arrepentirse es alejarse del pecado. Piensa en girar físi-

88 *Epifanía y Bautismo del Señor*

camente en una nueva dirección, girar para ganar una nueva perspectiva, girar para que los hábitos dañinos no puedan ser fácilmente recogidos de nuevo. Cuando hacemos este tipo de giros, notamos que las soluciones comienzan con cada seguidor de Cristo. Nos convertimos en la evidencia del reino de los cielos. Comenzamos a darnos cuenta de que el reino de Dios se arraiga cada vez más plenamente con cada resolución de usar la gracia que se nos ha dado para ayudar a cambiar el mundo.

Meditación: ¿Soy una buena nueva para los pobres? ¿Me relaciono con gente que no tiene acceso a las cosas que doy por sentado? ¿Estoy comprometido a comprender la dinámica de la pobreza en nuestro mundo, y estoy dispuesto a vivir de forma sencilla? ¿Soy una buena nueva para los que están enfermos, deprimidos o solos? ¿Cómo mi presencia lleva la luz de Cristo a la vida de los demás? ¿Soy una buena nueva en atmósferas cargadas políticamente o me sumo al caos y a la desconfianza? ¿Valoro las cosas que Jesús valora, llevando estos valores al mercado y al mundo cívico? ¿De qué me pide Dios que me aleje para recibir la gracia que necesito para ver el reino y ser un agente de su venida?

Oración: Jesús, que traes el reino de Dios entre nosotros, ayúdanos a volvernos hacia ti y a alejarnos de lo que no viene de ti. Que el arrepentimiento que ofrecemos día a día nos lleve a invertirnos más en hacer que tu reino sea cada vez más visible.

4 de enero: Santa Isabel Ana Seton, religiosa

Responde al amor

Lecturas: 1 Jn 4, 7-10; Mc 6, 34-44

Escritura:
. . . porque Dios es amor. (1 Jn 4, 8)

Reflexión: La historia del mundo ha estado llena de esfuerzos para definir a Dios. Personalmente, creo que podríamos haber parado hace siglos y pasado estas generaciones reflexionando sobre la profunda verdad de la Primera Carta de Juan: Dios es amor.

Por supuesto, el amor sólo existe en relación con otro. Y eso significa que la naturaleza misma de Dios es acerca de la relación. Hablamos del vínculo amoroso entre el Padre, el Hijo y el Espíritu Santo para hablar de Dios. Y entonces, maravilla de las maravillas, somos invitados a esa relación. Decir que amamos a Dios es decir que estamos respondiendo al amor que Dios nos ha mostrado primero. Decir que amamos a los demás es decir que Dios en nosotros ama a los que son también el producto de la intención amorosa de Dios. Respondemos mejor a Dios cuando nos rendimos al amor. Esto significa que elegimos el amor, y seguimos eligiéndolo.

Los cuatro evangelistas relatan la multiplicación de los panes, que es la historia del evangelio de hoy. Nos muestra de palabra y obra que Jesús expresa el amor de manera práctica. Se mueve con compasión por aquellos que lo buscan, y satisface sus ansias tanto espiritual como físicamente. Esta es una historia para sentirse bien, ¿verdad? Pero también es una historia que nos tuerce un poco, pidiéndonos que sigamos a Jesús para aprender lo que requiere el amor. En última instancia, el pan que compartirá será el pan de su propia vida.

Meditación: Dios es amor. Esta simple afirmación resume quién es Dios y cómo actúa Dios. Nos invita a relacionarnos y proporciona la motivación para nuestras acciones. Al estar hechos a imagen de Dios, nosotros también deberíamos ser el amor que consuela, el amor que provee, el amor que corrige, el amor que eleva, el amor que comparte la pena, el amor que se arrepiente, el amor que reconstruye. ¿Sabrán los demás que seguimos al Dios del amor cuando nos conozcan?

Oración: Estamos agradecidos, oh Dios, de adorarte, el Dios del amor. Que el amor anime nuestras relaciones, motive nuestras acciones y nos dirija siempre a amarte más cada día. Mientras nos alimentas con tu propia vida, que pasemos nuestras vidas alimentando las hambres de los que nos rodean.

5 de enero: San Juan Neumann, Obispo

Rendirse a uno que conoce los mares

Lecturas: 1 Jn 4, 11-18; Mc 6, 45-52

Escritura:
[Jesús] subió a la barca con ellos y se calmó el viento (Mc 6, 51)

Reflexión: Conozco a una joven madre soltera que lucha con sus obligaciones financieras, y que ha pasado los últimos años luchando la buena batalla de la sobriedad. Es divertida, pero también está herida. Es diligente, pero también es testaruda. A menudo, cuando dice "Estoy bien", su voz la traiciona y sé que no está nada bien. Ella es como muchos de nosotros, luchando con su humanidad y experimentando reveses casi tan a menudo como logros. Me maravilla que esté tan entera. Cuando rezo por ella, a veces la imagino en un bote de remos en un lago tormentoso, luchando contra los vientos que enfrenta, trabajando duro para mantener el agua fuera de su bote. Y simplemente le pido a Jesús que por favor se suba a ese bote, para calmar esos vientos y dejar que el sol se asome entre las nubes. Tal vez quiero eso para ella porque no estoy segura de cómo calmar los vientos para ella, y estoy bastante segura de que ella no querría que la rescatara de todos modos.

Hay fuerza en el conocimiento de nuestras limitaciones, y gran sabiduría en abandonarse a un poder mayor. Mi

92 *Epifanía y Bautismo del Señor*

amiga me lo ha demostrado en su vida, y el evangelio nos dice la misma verdad. Los apóstoles fueron incapaces de calmar una tormenta, pero sabían lo suficiente para acoger a Jesús en su barca, incluso antes de saber con certeza que con él a bordo los vientos se apagarían.

Meditación: Usa tu imaginación para imaginar cualquier prueba que estés teniendo como una tormenta que amenaza con alcanzar tu pequeño barco. ¿Te sientes solo? ¿Asustado? ¿Agotado? ¿Estás dispuesto a dejar que otro tome el timón? ¿Dispuesto a enfrentarte a un pasajero que podría tener el poder que necesitas?

Oración: Nos dirigimos a ti, el Fiel, cuando nuestros días son agobiantes y nuestras noches inquietas. Nos acercamos a ti que nos conoces bien, y te pedimos que calmes nuestras tormentas interiores. Danos espacio para respirar, para reagruparnos y para enfrentar los días venideros con la confianza de que estás con nosotros.

No te detengas en la admiración

Lecturas: 1 Jn 4, 19-5, 4; Lc 4, 14-22

Escritura:
Todos le daban su aprobación y admiraban la sabiduría de las palabras que salían de sus labios (Lc 4, 22)

Reflexión: Hablamos de admiración y normalmente intentamos comunicar una sensación de maravilla o sorpresa. Curiosamente, en el fondo, admirar es estar aturdido o desconcertado. Eso le da a la palabra más dimensión. En el evangelio de hoy, Jesús ha leído del profeta Isaías el pasaje que habla de la unción del Señor para llevar la buena nueva a los pobres, la libertad a los cautivos, la curación a los ciegos y sordos, y la libertad a los oprimidos. Cualquiera asignado a la sinagoga habría proclamado las mismas palabras. Es cuando Jesús añade "Hoy mismo se ha cumplido este pasaje de la Escritura que acaban de oír" que la gente se llena de sorpresa o está desconcertada. La verdadera cuestión no es si Jesús debería haber añadido su propio comentario, sino si los que están asombrados pasarán de la admiración al creer, o del aturdimiento a ser discípulos.

Tantas cosas pueden hacer que admiremos: una historia convincente de heroísmo, ser testigos de las fuerzas de la naturaleza, la belleza de una sinfonía, el nacimiento de un niño. Tal admiración es esencial para formarnos como humanos. Me atrevería a decir además que, sin admiración en nuestras vidas, nunca podríamos ser arrastrados dentro y más allá del mundo material para descubrir a Dios. En la Biblia, la admiración puede llevar a la perspicacia o al descubrimiento. La admiración tiene el poder de hacernos pasar del asombro a la devoción. Pero la devoción sin el discipulado nos dejará sin una participación en la misión de Jesús.

Meditación: Es bastante fácil convertirse en un observador en nuestra vida de fe, como si visitáramos un museo o una galería de arte. Amamos y admiramos lo que vemos y podríamos pasar todo el día vagando por los pasillos en admiración. Pero la fe no es una galería de ideas maravillosas o individuos admirables. Jesús nos invita a interactuar con lo que vemos y oímos, y a entrar en una relación con él. Entonces nos convertimos en algo más que consumidores; nos convertimos en los convertidos. Aprendemos a caminar como lo hizo Jesús, extendiendo su toque y su verdad al mundo. Nos convertimos en discípulos.

Oración: Jesús, tus palabras y acciones continúan sorprendiéndonos cuando nos detenemos lo suficiente para escuchar y ver realmente. Danos la curiosidad de maravillarnos con tu presencia en nuestro mundo, y el compromiso de pararnos y caminar contigo en nuestra vida diaria.

Date cuenta

Lecturas: 1 Jn 5, 5-13; Lc 5, 12-16

Escritura:
"Señor, si quieres, puedes curarme" (Lc 5, 12)

Reflexión: Nunca he olvidado la cara de un hombre que nos detuvo a mí y a un amigo cuando íbamos a una cena especial que habíamos planeado en un restaurante francés. Hacía mucho frío y nos abrimos paso bajo un andamio cubierto de hielo junto a una iglesia que estaban renovando. El hombre delante de nosotros tenía problemas para navegar por la resbaladiza acera, y cuando lo alcanzamos, se giró y simplemente dijo: "Tengo hambre". Su cara estaba curtida y las lágrimas que había estado derramando formaban hielo en sus mejillas. Nuestros planes cambiaron inmediatamente. Una "chicken house" cercana nos sentó en la parte de atrás y a regañadientes nos sirvió la comida. Él estaba sin hogar, alejado de lo que quedaba de su familia en otra provincia, y no había comido desde que había llegado en autobús varios días antes de nuestro encuentro. Sin conexiones en la ciudad, estaba desesperado, y tuvimos la oportunidad de ayudarle a encontrar refugio y asistencia.

Lo que más me llama la atención de la gente que no tiene hogar o está enferma es que además de ayuda práctica, necesitan un sentido de pertenencia. El hombre del relato evan-

gélico de hoy está "cubierto de lepra" y como resultado
habría sido condenado al ostracismo por su comunidad.
Imagina la inmensa necesidad que lo habría llevado a acer-
carse a Jesús, caer al suelo a sus pies y rogar que lo limpiaran.
La sanación que recibió no sólo curó sus llagas y restauró su
piel, sino que seguramente también lo llevó desde los már-
genes de la sociedad al centro.

Meditación: La espiritualidad podría describirse como un
darse cuenta, dejar suficiente espacio en nuestros planes y
en nuestros corazones para darse cuenta del que Jesús está
colocando justo delante de nosotros. El hombre cuya lepra
lo mantenía separado de los demás se dio cuenta de Jesús,
y en medio de estar rodeado de gente y moverse de pueblo
en pueblo, Jesús se dio cuenta de él. Jesús se dio cuenta de
la condición del hombre, de su necesidad, de su coraje, y
luego Jesús tomó esa sagrada pausa para reconocerlo y sa-
narlo. ¿Cómo ha dado cuenta de ti el Señor? ¿Y de quién
espera él que te des cuenta?

Oración: Jesús, apareces en nuestras vidas en los rostros de
aquellos con los que nos encontramos y en las necesidades
expresadas que tenemos el desafío de atender. Danos el don
de ser conscientes y llénanos de compasión. Interrumpe
nuestros planes para que aprendamos a darnos cuenta de tu
pueblo.

Deja que Jesús crezca

Lecturas: 1 Jn 5, 14-21; Jn 3, 22-30

Escritura:
"Es necesario que él crezca y que yo venga a menos" (Jn 3, 30)

Reflexión: Un hombre y una mujer que conozco usaron su creatividad y trabajo duro para crear algunos productos innovadores, llevando a su empresa a tener bastante éxito con el tiempo. La pareja decidió vender su empresa a otro individuo que pudiera continuar con las innovaciones. Me sorprendió descubrir mucho más tarde que compartían sus beneficios con todos sus empleados, entregando en mano los cheques a cada persona y agradeciéndoles sus dones y talentos particulares. Ann y Tim (porque se avergonzarían, he cambiado sus nombres) sabían con certeza que no podrían haber tenido éxito por su cuenta. Su éxito no estuvo a su favor sino al del equipo, y por la gracia de Dios. Ellos estaban dispuestos a disminuir para que otros crecieran, y no sólo financieramente.

En realidad, las palabras de Juan el Bautista, "Es necesario que él crezca y que yo venga a menos", podrían aplicarse a tantos personajes del Nuevo Testamento. María de Magdala dio testimonio de la resurrección y luego rara vez se vuelve a saber de ella. Mientras que los roles de las mujeres eran bastante limitados en la época de Jesús, tengo la sensación de que ella también entendería que se trataba de Jesús, no de ella. Bernabé y Pedro, tan prominentes en la primera mitad de los Hechos, se desvanecieron un poco cuando Pablo emergió. Pablo atribuyó a Apolo el haber plantado las semillas de la fe que él regaba, y reconoció que Dios causa el crecimiento, no él (1 Cor 3). El ego no está a la altura de la gracia de Dios, y todos los que ministramos en el nombre de Jesús sabemos que es Cristo quien toma el centro del escenario.

Meditación: Es natural estar orgulloso de los logros y saber que las inversiones que hemos hecho con las energías de nuestra vida están dando sus frutos. Puede ser profundamente satisfactorio saber que nuestros talentos están siendo puestos a buen uso. El peligro, sin embargo, es cuando el ego se convierte en la fuerza motriz de nuestro trabajo y ministerios. Jesús debe crecer, y yo debo disminuir.

Oración: Tú, Señor, eres generoso al compartir el trabajo de tu reino con nosotros. Danos la misma generosidad en nuestro trabajo. Cuando colaboramos con otros, sé el centro de nuestros esfuerzos. Ayúdanos a saber cuándo salir de la luz para dejar que los demás brillen con tu brillo.

Estén en expectación

Lecturas: Is 40, 1-5. 9-11; Tit 2, 11-14. 3, 4-7; Lc 3, 15-16. 21-22

Escritura:
El pueblo estaba en expectación . . . (Lc 3, 15)

Reflexión: Charles Dickens comienza su novela *Historia de dos ciudades* con esta frase: "Era el mejor de los tiempos y era el peor de los tiempos; la edad de la sabiduría y también de la locura; la época de las creencias y de la incredulidad . . .". Su novela, por supuesto, era una forma de comentar la atmósfera en Inglaterra y Francia en la época de la Revolución Francesa del siglo XVIII. Los ricos se volvían más ricos y los pobres se quedaban atrás. La ley y el orden se aplicaban sobre la base de las apariencias y las conexiones sociales más que de la justicia. La violencia y los disturbios estaban a la orden del día. Tal vez estas realidades culturales no están tan alejadas de cualquier período de la historia, incluyendo la época de Jesús y Juan el Bautista.

La respuesta natural a los ocupantes extranjeros (los romanos, por ejemplo) y a la corrupción (en el liderazgo cívico y religioso) puede ser la aprehensión, la desesperanza o incluso la revuelta. Pero nuestro evangelio de hoy nos dice que la gente está llena de expectativas. Han estado escuchando a Juan el Bautista denunciar el pecado y la injusticia, vinieron a ser bautizados, y se preguntan si es el Mesías que han estado esperando.

La predicación de Juan llevó a la gente hacia adentro, en arrepentimiento, y luego hacia afuera, hacia un futuro lleno de posibilidades. Empezarían a ver los mejores tiempos en medio de los peores, encontrarían sabiduría en lo que otros veían como una tontería, y se basarían en la fe en lugar de estar sumidos en la duda.

Meditación: La fiesta del Bautismo del Señor es una forma adecuada de cerrar el tiempo de Navidad. El niño de nuestros pesebres ha crecido y se ha convertido en un hombre. Las esperanzas que los pastores y los magos sintieron en la noche de Navidad de hace mucho tiempo están siendo puestas a prueba ahora que Jesús lanza su ministerio público. La expectación estaba a la orden del día al comenzar el Adviento, y la expectación es la nota final del tiempo de Navidad. La pregunta ahora es cómo haremos sonar las notas de esperanza y expectación en nuestras vidas como discípulos.

Oración: Señor Jesús, tu venida a nuestro mundo es un regalo puro. Haznos dignos embajadores de tu nombre y de tu reino, proporcionando un pozo de esperanza para un mundo cansado.

Referencias

29 de noviembre: Lunes de la primera semana de Adviento
Concilio Vaticano II, Constitución Pastoral sobre la Iglesia en el Mundo Moderno (*Gaudium et Spes*) 80, http://www.vatican.va/archive/hist_councils/ii_vatican_council/documents/vat-ii_const_19651207_gaudium-et-spes_sp.html.

13 de diciembre: Santa Lucía, virgen y mártir
San Juan Pablo II, *Redemptoris Missio* 2 (sobre la validez permanente del mandato misionero de la Iglesia), 1990, https://www.vatican.va/content/john-paul-ii/es/encyclicals/documents/hf_jp-ii_enc_07121990_redemptoris-missio.html.

17 de diciembre: Viernes de la tercera semana de Adviento
Para más información sobre la justicia restaurativa, ver *Redemption and Restoration: A Catholic Perspective on Restorative Justice [Redención y restauración: Una perspectiva católica sobre la justicia restaurativa]* (Collegeville, MN: Liturgical Press, 2017).

24 de diciembre:
Viernes de la cuarta semana de Adviento (Nochebuena)
CBS Evening News, 12 de diciembre de 2013, https://www.youtube.com/watch?v=uptsIngNxCY.
Traducción de Mohandes K. Gandhi, *All Men Are Brothers: Autobiographical Reflections [Todos los hombres son hermanos: Reflexiones autobiográficas]* (Nueva York: Bloomsbury, 2013; publicado por primera vez por la UNESCO, 1958), 182.

29 de diciembre:
Quinto día de la Octava de la Natividad del Señor
Para más información sobre el ministerio conocido como "Settled Souls", ver https://www.lumenchristiaward.org/settled -souls.

31 de diciembre:
Séptimo día de la Octava de la Natividad del Señor
Para ver la letra de la canción de Tevye (en inglés), ver https:// www.allmusicals.com/lyrics/fiddlerontheroof/tolife.htm.

9 de enero: El Bautismo del Señor
Charles Dickens, *Historia de dos ciudades,* ver https://www .goodreads.com/quotes/604563-era-el-mejor-de-los -tiempos-y-era-el-peor.

REFLEXIONES ESTACIONALES AHORA DISPONIBLES EN INGLÉS Y ESPAÑOL

LENT/CUARESMA

Not By Bread Alone: Daily Reflections for Lent 2022
Amy Ekeh and Thomas D. Stegman, SJ

No sólo de pan: Reflexiones diarias para Cuaresma 2022
Amy Ekeh and Thomas D. Stegman, SJ;
translated by Luis Baudry-Simón

EASTER/PASCUA

Rejoice and Be Glad:
Daily Reflections for Easter to Pentecost 2022
Susan H. Swetnam

Alégrense y regocíjense:
Reflexiones diarias de Pascua a Pentecostés 2022
Susan H. Swetnam; translated by Luis Baudry-Simón

ADVENT/ADVIENTO

Waiting in Joyful Hope:
Daily Reflections for Advent and Christmas 2022–2023
Mary DeTurris Poust

Esperando con alegre esperanza:
Reflexiones diarias para Adviento y Navidad 2022–2023
Mary DeTurris Poust; translated by Luis Baudry-Simón

Standard, large-print, and eBook editions available. Call 800-858-5450
or visit www.litpress.org for more information and special bulk pricing
discounts.

Ediciones estándar, de letra grande y de libro electrónico disponibles.
Llame al 800-858-5450 o visite www.litpress.org para obtener más
información y descuentos especiales de precios al por mayor.